유다의 발 씻기

유다의 발 씻기

ⓒ 김찬옥, 2025

초판 1쇄 발행 2025년 4월 14일

지은이	김찬옥
펴낸이	이기봉
편집	좋은땅 편집팀
펴낸곳	도서출판 좋은땅
주소	서울특별시 마포구 양화로12길 26 지월드빌딩 (서교동 395-7)
전화	02)374-8616~7
팩스	02)374-8614
이메일	gworldbook@naver.com
홈페이지	www.g-world.co.kr

ISBN 979-11-388-4142-9 (03230)

- 가격은 뒤표지에 있습니다.
- 이 책은 저작권법에 의하여 보호를 받는 저작물이므로 무단 전재와 복제를 금합니다.
- 파본은 구입하신 서점에서 교환해 드립니다.

유다의 발 씻기

김찬옥 지음

**강물처럼 끊임없이 흘러온,
나의 쉽지 않았던 삶의 이야기들**

제대로 날갯짓도 못할 몸의 구조를 가졌지만, 개의치 않고 한사코 날갯짓을
멈추지 않았던 꿀벌의 무지함을 본받아 이 책을 감히 수필집이라고 내 놓는다.

좋은땅

서문

　서강대 영문과 교수였던, 고 장영희 씨의 수필집 서문에 "꿀벌의 무지"라는 글이 있다. 나도 이 책을 내면서 꼭 그분의 글에서처럼, 제대로 날갯짓도 못할 몸의 구조를 가졌지만, 개의치 않고 한사코 날갯짓을 멈추지 않았던 꿀벌의 무지함을 본받아, 이 책을 감히 수필집이라고 내놓는다.

　생각해 보면, 내 첫 작품집인 《나의 시, 나의 라이프》도, 두 번째 책 《Bouncing Through My Dear Life 메모아》(영문)도 모두 꿀벌의 무지함 속에서 내놓았던 책이 아닐까 싶다.

　꿀벌의 대책 없는 몸부림으로, 무지함 속에서도 부단히 날갯짓을 멈추지 못했던, 3번째 작품집. 《유다의 발 씻기》를 감히 내놓으며, "너 그 글은 그래도 괜찮더라"라고 말해 줄 장영희 교수의 아버지 장왕록 교수님 같은, 부모님(아버지)이 안 계신 것이 참으로 애석하다.

2025. 1.

차 례

제1장

1. 피아니스트 K의 죽음 10
2. 레이크 타호와 "해 뜨는 집" 13
3. 붉은 하늘 19
4. 감사절과 두 식당 22
5. 치과 오피스 25
6. 크루즈 이야기 27
7. '소공동 순두부' 식당 30
8. 영원한 청년, H 장로님 33
9. S 집사님 37

제2장

1. 사랑 나누기 42
2. 생소한 이름 44
3. 집요한 사랑 46
4. 두 갈래 길 48
5. 남대문 시장 50

6. 졸업식 52

7. 우크라이나 일가족의 죽음 55

8. 혼혈아 멜빈 브라운 57

9. 얼마나 더 많은 종들이 울려야 할까 59

10. 버팔로, 그 잊을 수 없는 도시 62

11. '카카오톡'과 '퍼온 글' 64

12. 나의 선한 친구 66

13. 분수 69

제3장

마지와 프렌치(1) 74

마지와 프렌치(2) 77

마지와 프렌치(3) 80

마지와 프렌치(4) 83

마지와 프렌치(5) 86

마지와 프렌치(6) 89

마지와 프렌치(7) 91

제4장

1. "당신은 싫어하는 게 너무 많은 사람" 96

2. 바자와 도토리묵 99

3. 수요예배 103

4. "아멘" 남발 106

5. "아직도 쇼핑할 게 있으세요?" 110

6. 유다의 발 씻기 113

7. 나와 찬송가 117

8. 장례예배 121

9. 홀가분한 마음 124

10. 유언장(The Will) 127

제5장

아리엘(1) 132

아리엘(2) 137

아리엘(3) 142

아리엘(4) 144

아리엘(5) 147

아리엘(6) 151

아리엘(7) 153

제6장

1. 지옥에서 천국으로 158

2. 미니 콘도에서의 삶 161

3. '치카를 찾아서' 164

4. '플랜 75' 167

5. "빌스 마피아"의 경험 170

6. 팬데믹과 예술가의 삶 173

7. '홀로 살기의 의미' 176

8. 나를 힘들게 하는 것들 179

제7장

C의 스트로크(1) 184

C의 스트로크(2) 188

C의 스트로크(3) 190

C의 스트로크(4) 193

C의 스트로크(5) 196

말러 심포니 #5 나들이 199

제1장

1. 피아니스트 K의 죽음

1983년, 9월 22일.

청명한 버팔로의 가을 날씨다. 이 아름다운 날, 많은 한인들이 검은 상복을 입고, 젊은 피아니스트 K의 장례를 위해 천주교 교회로 모여들기 시작했다. 버팔로 한인 남성 중창단 멤버 중 한 분이 병원 당직으로 못 오시고, 장례식의 당사자 K씨를 제외한 중창단 9명이 다 참석했다.

6명 신부님들의 주도하에, 관이 들어온 후 연이어 추도 미사가 시작됐다. 이해남 씨의 애도의 말씀과 지금은 고인이 되신, 고 김석연 교수의 추모시가 닥터 이중오 씨의 대독으로 이어진 후, 곧 중창단이 추모 노래를 부를 차례다.

바로 2주 전, Kal기 격추 때 희생된 교민 의사 부부 Dr. 박민식 씨의 전 가족 추모예배도 바로 이 교회에서 드렸었고, 그 추모예배 때 중창단 추모송 반주를 치셨던 분이, 바로 오늘 장례식의 당사자인 피아니스트 K씨이다.

그로부터 고작 2주 후인 오늘, 바로 이 천주교 교회당에서, 버팔로 중창단들이 자신을 위해 추모 노래를 부르게 될 줄, K씨가 상상이나 했을까. 몇 해 전 암으로 돌아가신 젊은 Dr. 고의 추모예배와 또 Dr. 전상중 씨 아버님의 추모예배 때 녹음해 두었던, "길이 살겠네" 테이프 반주가 흘러나오기 시작한다. 녹음된 반주가 시작되고 일절이 한참 계속되도록 중창단 멤버들이 목이 메어 제대로 노래를 부르지 못한다. K씨의 녹음 간주가 계속되는 동안 멤버는 물론 상객들이 여기저기서 흐느끼기 시작했던 중창단 반주자 김수명 씨의 장례식 이야기이다.

김수명 씨는 서울대학교 음대 작곡과를 졸업하고, 같은 음악 전공의 아내와 두 자녀를 데리고 뒤늦게 이민을 오신 가톨릭 신자였다. 그분은 그림에도 상당한 달란트가 있었지만, 이리저리 궁리하다가 생업으로 한인 교회에서 멀지 않은 곳에 동양 식품점을 오픈했다. 교통도 편하고 안전한 지역이라 한인교민들도 그곳에 새 식품점이 생긴 걸 기뻐하며 환영했었다.

그가 상점을 오픈하고 오래되지도 않았던 어느 날, 우리들은 뉴스를 통해 멀지 않은 지역의 동양 식품점 주인이 자신의 가게에서 총격을 당했다는 소식을 들었고, 그가 바로 우리 버팔로 중창단 피아니스트 K씨라는 충격적인 사실을 뒤늦게 알았다. 그날 그의 아내는 일을 보러 외출 중이었고, K씨가 혼자 상점에 있다가 당한 한인 교포 살인 사건이었다.

범인은 버팔로 주립대학에서 석사학위까지 취득한 정신 질환 청년으로, 이렇다 할 범행의 동기도 없이 그냥 가게로 걸어 들어와 카운터 뒤에 서 있던 K씨의 이마에 총을 쏘았다고 한다. 처음 K씨의 시신을 발견했을 때, 현장에서 피 한 방울 발견하지 못했을 정도로 가까운 블랭크 거리에서 당한 총격이었다.

그 젊은이는 그날 밤, K씨의 상점과 상당한 거리에 위치한 이스턴 힐스 몰(지금은 없어진 큰 몰) 건너편 외딴 지역의 주류(리커 스토어) 판매점에 걸어 들어가 혼자 가게를 지키던 또 한 명의 상점 주인을 쏘아 죽였다. 강도나 절도 같은 범죄 사건이 일어나지 않았던, 비교적 안정적이며 조용했던 한인교포 커뮤니티와 이스트 엠허스트 지역을, 뿌리째 흔들어 놓았던 놀라운 사건이었다. 특히 우리들에겐 중창단 멤버였던, 우리들과 가까웠던 한 지인의 생명과 한 가족의 삶을 파멸시킨 슬프고도 안타까운 총격 사건이다.

K씨의 죽음 후, 그 아내와 두 아이의 힘든 삶에 대해선 차마 이 지면에 다 담을 수가 없을 정도로 가슴 아픈 이민 초기의 이야기이다.

2. 레이크 타호와 "해 뜨는 집"

딸네가 내일 여름 휴가를 떠난다. 아들네도 곧이어 한국으로 여행 계획이 잡혔다. 외롭게 남겨질 우리 부부, 어디론가 떠나 우리도 쓸쓸함을 달래고 오려고 생각한 곳이 레이크 타호이다.

며칠 후, 우리도 거의 5시간 드라이브 길인 타호에 도착했다. 스키 시즌이 아니어서 주변 도시의 비지니스가 많이 닫은 상태라 의외로 한산하다. 쉬려고 온 우리에겐 안성맞춤이랄까. 짐이랄 것도 없이 간단히 가져온 셔츠와 잠옷 등을 드레서(경대)에 넣은 후, 곧바로 빌딩을 나섰다. 건물을 나서며 보니, 멀리 높은 산 꼭대기엔 아직도 하얀 눈이 쌓여 있는데 스키어들을 가득 싣고 오르내리던 케이블 트랙만 빈 계곡 높이까지 눈 안에 들어온다. 우리는 예전에 왔었던 타호 도시의 상가에 차를 주차한 후, 곧바로 호숫가 한적한 산책길로 들어섰다. 맑은 초록색 물결이 햇빛을 받아 눈이 부시도록 찬란하게 반짝인다.

레이크 타호는 65개의 작은 개울들에서 흘러온 물로 이루어진 북미 최대의 큰 호수로, 넓이가 22마일 × 12마일이나 된다. 만약 이 호수의 물을 쏟아내고 다시 호수를 그 물로 채우려면 300년의 긴 시간이 걸려야 현재의 사이즈로 메울 수 있고, 더 놀라운 사실은 자연적으로 산 위에 쌓인 녹은 눈 등으로 다시 현재 사이즈의 호수로 채워지려면 700년이 걸린다는 믿기 어려운 기사를 읽었다. 또한 캘리포니아 땅 전체를 14.5인치의 깊이로 덮을 수 있다고 하는 이 호수는 절대로 얼어붙지는 않지만, 여름에도 수영은 할 수 없다는 차디찬 호수이다.

우리만 산책하기에 아까울 정도로 아름답고 청명한 그 산책로는 "헤리테지 광장" 언덕으로 이어졌는데, 이곳에서 뜻하지 않은 커다란 곰의 동상과 마주쳤다.

바로 "어사 메이터(Ursa Mater)"라는 동상으로, "엄마 동전 곰(Mother Penny Bear)"이라고도 불리는 명물이다. 이 동상은 속이 폼으로 만들어져, 털의 느낌을 주기 위해 200,000개가 넘는 1센트짜리 동전을 수직으로 박아 넣어 만들어졌다는, 12foot high, 5700

파운드의 어마어마한 엄마 회색 곰(Grizzly bear)과 두 마리의 새끼 곰을 품은 동상이다. "불타는 사람(Burning man)"으로 알려진 예술가, 로버트와 리사 퍼거슨(ArtistRobert and Lisa Ferguson) 부부와 그들의 팀에 의해 만들어진 이 거대한 '엄마 곰 동상'은 맑고 깨끗하기로 알려진 호수와 함께 타호(Lake Tahoe)의 명물로 알려져 있다.

그 동상을 뒤로하고 찻길 건너 상가가 있는 언덕 위를 향해 발길을 옮겼다. 머지않은 곳에 우리가 차를 세운 주차장 입구에 '타호 하우스'란 식당이 눈에 띈다. 문을 밀고 안으로 들어서자, 앞면 벽 위로 높게 커다란 텔레비전이 달려 있고 그 아래 공간에 북과 마이크가 놓여 있다. 작은 밴드가 있는 식당 겸 카페인 모양이다. 메뉴를 보고, '피시 앤 칩스'와 '바비큐 치킨'을 시키고 맥주도 한 병 주문했다. 카페의 의자들이 모두 식당 한편 벽 위에 달린 커다란 텔레비전 화면 쪽을 향해 나란히 앉게 놓여 있다. 우리도 나란히 자리를 잡고, 식사를 하기 시작하는데, 뮤지션인 듯싶은 남자 세 명이 주섬주섬 앞으로 걸어 나왔다.

한 사람은 세 개의 북 앞으로, 한 사람은 기타를 그리고 세 번째 남자는 핸드 아코디언을 각기 들고 나온다. 나이가 좀 든 중년의 남자가 북을 두드리기 시작하는데, 키가 너무 커서인지, 북을 치는 모습이 어딘가 엉성하다. 깡마른 체구의 기타리스트는 어깨까지 내려오는 긴 머리 모습이 뮤지션 냄새가 물씬 난다. 핸드 아코디언을 들고 온 남자는, 뮤지션이라기보다는 그냥 동네 카페에 놀러 나온 아저씨 같다.

몇 번 세 사람이 연습을 하듯 연주를 하는데, 한 젊은 여자가 3, 4살쯤 된 사내아이와 몇 개월짜리 딸아이를 가슴에 안고 카페 안으로 들어섰다. 여자는 곧장 아코디언을 안고 있는 젊은 남자에게로 다가가더니 가볍게 입을 맞추고, 벽 쪽 부츠 자리로 가서 앉는다. 아마 가족이 아빠의 연주를 보기 위해 카페로 방문을 나온 것 같다. 꼬마가 연주 중인 것도 아랑곳 없이 아빠 곁으로 다가가더니, 곧장 몸을 흔들며 신이 나서 짝짝 손뼉을 치기 시작한다. 얼마 만인가. 가족 같은 뮤지션들의 연주를 레이크 타호의 작은 카페에서 듣게 되다니, 뜻밖의 보너스다.

남편이 바비큐 소스를 듬뿍 끼얹은 치킨을 들고 왔다. 손가락마다 찐득찐득한 소스가 묻은 냅킨을 식탁 옆 구석으로 숨기며 애를 쓰는데, 드럼 세트 앞에 앉아 있던, 중년 남자가 등 뒤에서 색소폰을 들고 왔다. 그가 색소폰을 불기 시작하자, 닭다리를 움켜쥔 우리는 물론, 식당의 손님들과 다른 두 뮤지션까지 모두 동작을 멈췄다. 뜻밖의 아름다운 낯익은 가락이 카페 안 가득히 울려 퍼졌다. 그분은 필시 젊었을 때, 색소폰을 즐겼으나 부모님의 권고나 혹은 스스로 생업을 위해 색소폰을 포기했다가 세월이 한참 흐른 오늘 같은 날, 이렇게 작은 동네 카페에서 옛 정열을 불 태우는 분이 아닐까. 우리 사위 스캇도 학생 때 색소폰에 빠져 있었다고, 미국 안사돈이 고개를 절레절레 흔들며 되뇌던 기억이 난다. 홀 안에 울려 퍼지는 그분의 색소폰 연주는 바로 "해 뜨는집(The House of the Rising Sun)"! 그의 색소폰 연주가 계속되는 동안, 기타리스트도 아코디언 연주자도 다 조용히 옆으로 비켜 서 있다. 그 곡의 한국말 번역을 찾아보았다.

'해 뜨는 집'

뉴올리언스에 집이 한 채 있다네
사람들은 그 집을 해 뜨는 집이라고 부르지
많은 불쌍한 소년들이 그곳에서 인생을 망쳤다네
나도 그중의 한 사람이라네

엄마는 재단사였네
내게 새 청바지를 만들어 주셨지
아버지는 노름꾼이었다네
저기 뉴올리언스에서

당장 노름꾼에게 필요한 것은
여행용 가방뿐이지
그가 만족하는 순간은
술에 취해 있을 때 뿐이라네

오 어머니, 당신 자식들에게 말해 주세요
내가 그랬던 것처럼 하지 말라고
죄와 불행 속에서 인생을 허비하지 말라고
해 뜨는 집에서

한 발은 플랫폼에 걸치고
다른 한 발은 기차 위에 있지
난 뉴올리언스로 돌아간다네
죄의 값을 치르기 위해

글쎄, 뉴올리언스에 집이 하나 있다네
사람들은 '해 뜨는 집'이라고 부르지
많은 불쌍한 소년들이 그곳에서 인생을 망쳤다네
나도 그중의 한 사람이라네

감미롭고 애절한 색소폰 가락에 젖어 우리도 함께 뉴올리언스의 '해 뜨는 집'이라는 서글픈 곳으로 끌려가는, 쓸쓸한 기분이다.

3. 붉은 하늘

아침에 블라인드를 열다가 창 앞까지 바짝 다가 선 붉은 하늘에 덜컹 심장이 내려 앉았다.

비가 오려는 하늘빛도 아니고, 노을빛과도 확연히 다른 시뻘건 하늘이 붉은 강물처럼 길 건너 앞집들과 온 공간, 우리 창문 앞까지 넘실대며 고여 있는 게 아닌가! 습관대로 무슨 일인가 싶어, 페이스북을 열어 보니, 산불 경보 지역 리버모어에 살고 있는 조카의 포스팅이 눈길을 끈다.

"어제의 하늘"과 "오늘의 하늘" 대조적인 두 개의 사진인데, 시뻘건 "오늘의 하늘" 사진이 눈에 섬뜩하게 들어왔다. 어떻게 이럴 수가! 어제의 하늘 사진은, 지금 내 앞 창밖의 풍경보다는 조금 더 어둡지만, 붉은 색깔은 덜하다. 조카의 포스팅에 또 올라온 사진들 중, 조카의 아들이 보내 온 버클리 근교의 하늘 사진과 또 샌프란시스코에 산다는 그네 친구가 보내 온 도시의 하늘 사진들, 하나같이 가슴이 내려 앉는 광경들이다.

캘리포니아인들이 당면하고 있는 급박한 삶의 상황들을 보여 주는 사진들이다. "이렇게 붉은 하늘의 공기를 마시며 밖에 나가도 괜찮은가요?"라는, 어떤 이의 질문에 다행히도, 에어 나우(Airnow)의 검색 결과 샌프란시스코와 산 마태오, 오클랜드, 헤이워드 등은 대기질이 '보통'으로 나타났고, 산호세, 길로이 등 사우스게이트 지역은 '좋음'으로 확인됐다고 한다.

국립 기상청에 의하면 여러 곳의 산불 연기가 100마일 이상이나 베이지역으로 날아와, 오염된 공기가 해양층 위의 대기권을 높게 맴돌고 있어 가스의 연기 냄새는 비교적 덜 하지만 하늘이 붉게 혹은 노란색을 띠는 이유는, 연기가 대기와 섞일 수 없어, 대기질 상태에 따라 다르게 나타난다고 한다.

며칠을 더 이렇게, 세상의 마지막이 온 듯한 괴기(eerie)한 색깔의 하늘을 껴안고 지내야 하나!

갑작스레 시작된 코로나 팬데믹으로 이전엔 꿈에도 안 꾸었던 격리된 삶(Quarantine Life)을 나름대로 견디어 내면서, 팬데믹 이전의 삶을 그리워하다가 스스로를 달래다가 하며 지내고 있던 중이다.

요즘엔 팬데믹 이후의 삶에 대해 점점 모호한 그림밖에 그려지지 않아 아득한 심정이 되어 가던 참인데, 갑자기 이 붉은 하늘과 맞닥뜨린 것이다. 권투 링 위에서 비틀거리다가, 마지막 결정적인 한 펀치를 받을 때의 충격이 이런 것일까.

그러지 않아도, 점차 우리는 지구 온난화의 문제로 세상이 점점 위험해지는 상황을 뉴스 미디어를 통해 시시때때로 듣고 있다. 이러한 상황을 개선하려면 정확히 무엇을 해야 할지 우리 같은 개인에겐 암담하지만, 개선해야 할 일들이 산적해 있다는 사실만은 알고 있다.

미국 하와이제도와 호주대륙 및 뉴질랜드 위쪽 북섬의 한가운데에 있는 남태평양 섬나라, 투발루란 나라는 9개의 산호 섬으로 이루어진 전 세계에서 4번째로 작은 나라로 국토의 제일 높은 곳이 해발 4.5m 정도이고, 나머지 대부분은 해수면보다 고작 1m 가량 높을 뿐이다. 이미 지구 온난화로 섬 2개가 바다로 가라앉게 되었고 남은 섬도 모두 가라앉을 위기에 처해 있다고 한다.

환경 및 기후 전문가들은 이산화탄소로 인한 지구 온난화와 해수면 상승 문제가 해결되지 않고 지금처럼 간다면 2060년대에는 투발루 전 국토가 완전히 침수될 것이라고 전망하고 있다.

그런데 딱한 사실은 이미 세계 곳곳에서 닥쳐 오고 있는 이 온난화 현상을 아예 무시하거나 인정조차 하지 않는 한심한 부류들이 존재한다는 안타까운 현실이다.

이러한 현실이 창밖의 시뻘건 하늘보다 더 불길하게 나의 가슴을 무겁게 하는 이유는, 말도 안 되는 한심한 이론을 주장하는 인물이 앞으로 미국을 4년간 통치할 새 대통령으로 당선되었다는 통탄할 사실이다.

4. 감사절과 두 식당

　나에겐 감사절이 되면 생각나는 두 식당이 있다. 엘에이 디즈니랜드 근처의 IHOP 식당과 더 수십 년 전 동부에서의 Denny's 식당이다. 그 중 Denny's는 내가 마침내 요리에 대한 열등감을 털어 내고 터키와 스터핑, 메시 포테이토와 그린 피, 속이 빨간 스윗 포테이토와 갓 구워 낸 비스킷 등으로, 감사절은 물론 성탄절에 가족들과 친지들까지 초청하며 30여 년간 당당한 호스트로 승격하게 된 계기를 준 식당이다.
　그보다 더 오래전, 감사절 즈음이면 쇼핑몰 안에 있었던 나의 비즈니스가 더 분주한 탓도 있었지만, 외국 요리인 터키를 굽는 일에 엄두가 안 나서 외식을 할 요량으로, 그해 나는 그로서리 쇼핑조차 안 했었다.
　감사절 당일이 되자 우리는 일찌감치 이른 디너를 할 셈으로, 아이들을 차에 태우고 신나게 식당가를 찾아 나섰다.
　그런데 식당가를 한참 돌고 돌아도 '클로즈드'란 사인과 함께 식당들이 모두 문을 닫은 게 아닌가!
　'한국의 설날도 아닌데 왜 모두 문을 닫았지?' 문득 오래 전, 오빠의 노총각 친구가 일 년 중 제일 난감한 때가 '설날'이라며, 혹독한 추운 날씨에 식당까지 영업을 안 해서 자칫 명절날 끼니를 걱정하곤 했다던 생각이 났다. "이러다 애들 굶기게 생겼네" 철렁 가슴이 내려앉는데, 저만치 불을 환히 켠 식당 하나가 눈에 띄었다. 허겁지겁 가까이 가 보니 데니스(Denny's)라는, 하이웨이 휴게소에서나 들르곤 하는 패밀리 레스토랑이었다. 마침 눈이 쏟아지기 시작하는 주차장에 겨우 차를 세우고 우리는 소란스레 신발의 눈을 털며 식당 안으로 들어섰다. 휑하게 텅 빈 식당 오른쪽 코너에 머리가 하얀 노부부가 쓸쓸하게 앉아 있고 맞은편 코너에는 중년 남자 하나가 눈에 뜨일 뿐, 넓고 큰 식당에 독신 남자와 노부부 그리고 우리 가족 4명이 전부다. 소란스레 자리를 잡고 앉는데, 갑자기 나도 모르게 두 아이의 40대 젊은 엄마인 내가 그렇게 부끄러울 수가 없다.

다음 순간 환하게 불을 밝힌 우리 집 식탁에 둘러 앉아 지난 한 해 감사했던 일들을 서로 나누며 담소하는 우리들의 또 다른 모습이 필름처럼 내 머릿속을 가득 채워 왔다. 남편과 아이들은 나의 불편한 속마음을 눈치도 못 느끼고 평소처럼 좋아하는 저녁과 후식으로 희희낙락 아이스크림까지 먹고 돌아왔던 까마득한 이야기다.

그러나 그해 그 Denny's 식당 이후로 나는, 지레 겁나서 엄두도 못 내었던 터키 구이를, 터키를 싼 비닐 봉지에 쓰인 요리 방법대로 찬찬히 따라 해 보게 되었고, 생각보다 쉬운 터키 요리의 명수가 되어 30여 년을 '감사절' 디너의 당당한 호스트가 되어 왔었다.

세월이 흘러, 나의 감사절 터키 디너는, 언젠가 슬며시 딸에게로 바톤이 넘겨졌는데, 똑똑한 딸은 '홀스 푸드(Whole Foods)' 마켓에서 다 준비된 '터키 디너 세트'를 주문해 데우기만 하면 완성되는 깔끔한 터키 디너로, 나의 30여 년 수고를 미련스럽게 만들었다.

그후, 3년 전 딸네 아들네 그리고 다섯 손주들을 위시한 우리 가족 11명이 감사절 휴가로 엘에이 디즈니랜드를 방문했을 때의 일이다. 처음으로 집 밖에서 맞는 감사절이었는데 주변의 식당들이 모두 문을 닫은 게 아닌가! 수십 년 전 기억이 떠오르며, 명절에 굶게 생긴 가족들을 돌아보며 암담해하는 우리들의 눈앞에 신기루처럼 나타난 식당, 바로 호텔 주변의 소탈한 IHOP 식당이었다. 우리가, 2022년 말미 감사절과, 연이어 팬데믹 중 3년 만에 다시 찾았던 동일한 디즈니랜드의 그 IHOP 식당!

"우리 가족 11명"이 3년간의 팬데믹 삶을 무사하게 지낸 것을 감사하며 보냈던 특별한, IHOP 감사절 명절이었다.

나만의 잊지 못할 Denny's 감사절 추억과, 내 다섯 손주들에게도 즐거운 추억으로 남을 IHOP, 잊을 수 없는 감사절의 두 식당 이야기이다.

5. 치과 오피스

새로 찾아간 치과에서 첫 방문 날, X-레이를 요란스레 여러 장 찍은 후, 별다른 대화도 없이 우리 내외에게, 건네준 진료목록. 남편은 20개의 이빨에 레진 치료가 필요하고, 나는 한 개의 크라운과 10개의 레진 치료가 필요하단다. 남편의 20개 레진 치료 가격 $2450 중, $450을 깎아서 $2000에, 나는 $850 크라운에 레진 치료 하나에 $150씩 쳐서 $1500, $2350이란다. 그러니까 도합 $4500의 진료 목록을 들고 나왔다.

샌프란시스코 시티에서 살 때 10년간 다녔던 치과에서는, 남편도 나도 별로 따로 이렇다 할 진료를 받은 기억이 없고, 늘 일 년에 두 번 스케일링과 내가 한 번의 딥 클리닝과 5개의 레진 치료를 한 것이 전부였다. 그것도 치과 의사가 권해서 한 것이 아니고, 내가 원해서 받았던 치과 진료였다. 그런데 이사 온 후 처음 방문한 이 치과에선, 새로 찾아온 환자와 별다른 대화도 없이, 첫날 X-레이를 찍더니, 다짜고짜 그 자리에서 도합 $ 4,350의 진료 목록을 건네주는 게 아닌가. 무슨 치과가 첫날 진단부터, 이렇게 돈 끌어 낼 목록부터 들이대는지… 이제까지 치아에 큰 문제가 없었던 탓인지, 좀 어이가 없다.

둘 다 이 치과 오피스의 어프로치에 선뜻 마음이 내키지 않아, 미루다가 지난 4월 서울여행을 앞두고 클리닝을 하러 갔다.

그런데, 나는 이런 클리닝의 경험도 처음이다. 두 청년이 교대로, 세차하듯 입을 벌리게 해 놓고, 물을 뿜어 댔다. 오래전에, 동부에 살 때 몇 번 찾았던 인도 여자 치과 의사가, 나름대로 화장까지 하고 간 얼굴을 호스로 뿜으며 적셔 준 적이 있었는데, 이번엔 얼굴은 물론 자칫하면 웃옷까지 다 젖게 생겼다.

샌프란시스코 치과 오피스의 친절한 치과 위생사가 반 시간에 걸쳐, 치아 사이 사이의 치석을 꼼꼼히 떼어 낸 후, 나중엔 튜브에서 젤 같은 걸 바르며, 한 개 한 개 매끄럽게 갈아 준 후, 기분 산뜻한 린스를 하며 끝내 주곤 했던 치아 클리닝에, 10년 동안 익숙해 있던 차라 황당하기가 이를 데 없다. "유 해브 뷰티풀 티트츠!" 이놈들이 장난을 하는 건가. 아시안 노인을 우습게 보는 데도 한도가 있지! 입안은 제대로 거들떠도 안 보고, 호스로 물을 뿜어 대던, 매끈하게 생긴 하얀 녀석이 내 목에서 앞 수건을 걷어 내며, "유 아 던!" 한다. "벌써? 와! 이렇게 희한한 클리닝은 난생 처음 해 보네!"

불쾌함이 지나치면 오히려 웃음이 나오게 된다는 걸, 처음 몸소 체험하고 깨달은 날이었다. 내가 이 오피스를 다시 찾아오면, 김찬옥이 아니라 송찬옥이다. 남편도 비슷한 세차 클리닝을 받았는지, 옆 칸 의자에서 일어서 나오는데, 호스로 잘 씻겨져서 훤해진 얼굴로 세차된 이빨을 드러내며 환하게 웃고 있다.

6. 크루즈 이야기

　꼭 집어 낼 수 없는 온갖 스트레스로 심신이 지쳐 있을 때, 지인 한 분이 캘리포니아 남쪽 크루즈 여행을 제안해 왔다. 샌프란시스코에서 떠나 샌프란시스코로 돌아오는 편리한 7일 간의 (알라스카) 크루즈 코스. 이미 다녀온 곳이지만 집 떠나 망망대해로 훌쩍 나갔다 오기만 해도 숨이 트일 것 같아, 선뜻 따라나선 3년 만의 여행이다.

　화창한 햇살이 출렁이며 따라오는 창밖으로, 4년 전까지 10년이나 살았던 낯익은 콘도와 길 건너 '오라클' 자이언트 야구장이 지나간다. 곧 샌프란시스코 피어 27에 도착해 짐을 체크 하는데, 함께 갈 일행을 태운 우버 차가 막 차도로 미끄러져 들어왔다. 등록을 다 끝내고 각각 정해진 방으로 들어가니 그분들은 15층, 우리는 11층, 탁 트인 방이 아늑하다.

　일행과 정해진 식탁에서 매일 저녁식사를 하게 되었는데, 격식을 갖추어 생선에는 흰 와인을 고기에는 붉은 와인을… 짐짓 격식에 신경을 쓰느라 긴장도 됐었던, '알레그라 홀' 중앙의 원형 테이블.

　우리는 매일 그 테이블에서 헤드 웨이터인 '사카이'와 사근사근한 젊은 '니오만'의 서브를 받았다. '사카이'는 장장 20년이 넘게 크루즈 배에서 일해 온 필리핀 중년 남자였고, 인도네시안인 '니오만' 도 8년을 배에서 일해 온 베테랑들이다. 가족과 헤어져 8개월은 배에서, 4개월은 본토에서 지낸다는 그분들의 스케줄이다.

몇 해 전 어떤 크루즈에서도, 필리핀과 인도네시아 직원들(헬퍼들)만의 특별한 이벤트가 있었다. 자기 나라 고유의 의상을 화려하게 차려 입고 그들 고유의 춤과 노래와 악기로 한껏 역량을 발휘한 특기 자랑의 밤이었다. 크루즈의 전속 댄서와 뮤지션들의 완벽한 쇼에까지는 미치지 못했으나, 크루즈 직원들만의 색다른 끼와 뜨거운 열정으로 크루즈 관객들을 놀라움으로 열광시켰던 생생한 기억이다.

지금처럼 셀폰이 없었던 20년 전에는, 항만에 도착하면 가끔 집으로 통화를 하도록 회사에서 배려를 해 주었다는데, 천 명에 이르는 직원들이 길게 줄을 서서 지정된 3분 동안에 '하이, 빠이'로 가족의 음성만 듣고 전화를 다음 사람에게 넘겨 줘야 했단다. 가족이 많으면, '하이'만 하고 '빠이'는 생략을 했었다는 시절이다.

'사카이' 같은 연배에 이르면 자녀가 학교를 다 마치면서 배를 떠난다. 9살과 3살의 자녀가 있는 '니오만'은 크루즈 삶을 더 계속하게 되겠지만, 요즘은 쉽게 가족들과 셀폰으로 화상 통화가 가능해 예전에 비할 바 아니게 "행복하다"는, '니오만'의 말이다.

드디어 크루즈 마지막 날. 매일 만이천 개의 디쉬(접시)를 요리해 냈다는 이탈리안 최고 주방장이 하얀 모자를 쓰고 나와 인사를 한다. 곧이어 각 테이블을 서브했던 웨이터들이 하얀 면 냅킨을 머리 높이 흔들며 손님들 좌석 사이를 돌아가며, '빠이'로 작별 인사를 시작한다. 승객들도 냅킨을 마주 흔들어 '땡큐'로 화답하며 서로 아쉬움을 나누는 시간이다.

3년 동안의 팬데믹 격리 생활 후 바다로 달려 나온 우리 승객들과, 졸지에 닥친 팬데믹으로 일을 못 하게 된 후, 배에서 다시 불러주기를 매일매일 기다렸었다는 크루즈 직원들! 한 사람 한 사람이 오랜만에 만난 옛 가족과 친구들처럼 웃음과 기쁨을 함께 나눈 훈훈한 7일간, 가슴이 탁 트였던 크루즈의 힐링 이야기이다.

7. '소공동 순두부' 식당

산타 클라라(Santa Clara)에 있는 "소공동 순두부" 식당에 도착했다. 늘 K 장로님 내외분과 만나곤 했던, 팔로 알토의 "소공동 순두부" 식당이 너무 붐비고 소음이 심해서, 우리가 이번엔 이곳 산타 클라라에 위치한, 또 다른 "소공동 순두부" 집에서 만나자고 연락을 했었다. 그런데 새 식당에 자리를 잡고 앉아, 한참이나 기다려도 K 장로님네가 안 나타나신다. 우리보다 늘 먼저 오시곤 하는 분들인데, 혹시? 싶어, 남편이 장로님께 전화를 했더니 아니나 다를까, 장로님이 팔로 알토 예전 그 식당에서 우리를 기다리고 계시단다. 게다가 권사님은 "틀니" 문제로 너무 통증이 심해서 못 나오시고, 장로님 혼자 나와 계시단다. 팔로 알토 소공동 순두부 집이 아니고, 산타 클라라 순두부 식당이라고 주소까지 보냈는데, 장로님께서 별 생각 없이 으레 만나곤 했던 가까운 옛 장소로 나오신 모양이다. 오랜만인데, 참 장로님께 미안도 하고, 게다가 권사님은 치통으로 고생하신다고 해서 마음이 너무 안 좋다. 사람 좋으신 장로님이, 오늘은 그냥 각자 식사를 하고, 다음에 다시 함께 만나자고 웃으시며 전화를 끊으셨다.

새 식당이 팔로 알토 식당보다 붐비지도 않고 천장도 높아 널널해서 좋았던 기분이 삽시에 사라져 버렸다. 권사님이 얼마나 아프시면, 그 좋아하시는 '나들이'를 못 하셨을까. 마음이 싸한데 게다가 서로 다른 장소로 나와 기다리게 하다니, 죄송한 마음 이를 데 없다.

3년 전인가, 우리에 이어 권사님네도 아드님네가 사는 팔로 알토 쪽으로 샌프란시스코에서 집을 옮기기로 결정을 하실 즈음, 권사님의 홍콩에 사는 딸이 다니러 왔었다. 몇 년 만에 더 허약해지신 노부모님의 형편을 고려한 나머지, 딸이 하루 세 끼 식사를 제공하는 '유대인 생활보조 센터'를 강력히 권해서 그곳으로 입주하셨었다. 그러나, 시간이 가면서 입에 안 맞는 음식을 삼시 세끼 먹는 게 너무 힘들어서, 한국식당으로 나오시는 게 그분들의 '즐거운 나들이'가 되었다.

우리가 만나는 곳은 주로 피차 멀지 않은 팔로 알토의 '소공동 순두부' 집. 그런데 그 식당은 천장이 낮고 너무 다닥다닥 옆 식탁과 가까이 붙어 있어, 옆 테이블의 손님이 무슨 반찬에 자주 젓가락을 꽂는지까지 눈에 띌 뿐만 아니라, 젊은이 두서너 명이 기분이 좋아, 와 웃어 재끼기라도 하면, 음식이 코로 들어가는지, 귀로 들어가는지 정신이 하나도 없어지곤 한다. 우리도 질세라 소리소리 지르며 대화하다가 힘에 부쳐 도망치듯 커피숍을 찾아 나오기 일쑤였다.

그러던 중 산호세 쪽에 같은 체인 식당, '소공동 순두부' 집이 있는 걸 발견하고, 그곳에서 만나자고 했던 건데, 우리의 불찰인 것 같다. 음식도 음식이지만, 외출과 만남의 의미가 더 클 뿐 아니라 팔로 알토 식당에서 일하는 웨이트리스와 웨이터까지 다 친절해서, K 장로님네가 생활보조 센터에서 사시는 걸 알고, 식사가 끝나면 늘 따로 새 김치를 플라스틱 반찬 그릇에 담아 장로님네에게 챙겨 주곤 하던 정겨운 식당이다.

구관이 명관이란 말이 여기에 맞는 표현인지 모르겠으나, 고래고래 소리를 지르면서라도 다시 '옛 소공동 순두부' 집에서 만나는 것이 백 번 맞는 일인 것 같다.

8. 영원한 청년, H 장로님

H 장로님은 우리가 부임되어 갔었던 동부 장로교회의 총각 장로님이시다. 1997년에 담임 목사로 뉴욕 주 주도인 올바니의 미국 장로교회(PCUSA)로 부임되어 갔을 때, 장로님 중의 한 분이셨던, 이 젊은 장로님이 얼마가 지난 후, 무슨 이유에서인지 교회에서 모습을 감추기 시작했다. 임직 초창기 얼마간의 시간이 지나면서 새 목사에게 실망을 해서인지, 소리 없이 교회를 슬그머니 떠나는 평신도들이 생기기 시작했지만, 장로님의 직분을 가지신 분이 아무런 설명도 없이 교회에서 자취를 감추는 일은 누구보다도, 담임 목사에게 작은 일이 아니었다. 그분이 바로 이 H 장로님이라는 분이다.

그 교회는 23년이란 기간 동안에 7명의 목사님이 거쳐 간, 힘들고 어려운 교회로 소문난 곳임을, 뉴욕시에서 열리곤 하던 "목회자 교육" 모임에 참석하던 중 뒤늦게 알게 되었다. 더러는 목사님들이 "앗 뜨거" 하고 일찌감치 미리 질려서 떠나신 분도 있을 것이고, 더러는 한국교회에서 놀라운 일도 아닌, 이런저런 이유로 쫓겨 가신 목사님들도 계셨으리라. 우리가 부임하기 바로 전의 목사님은 장로님 한 분과 함께 멀지 않은 지역에, 가게를 열듯 새로 교회를 차리고 나가셨다고 한다. 그런 어려운 교회에 경험 없는 우리 내외가 부임되어 갔으니, 구세주 같은 새 목사님이 오시기를 기대하던 교인들의 기대에 실망을 안겨 주었을 것은 놀랄 일도 아닐 터! 어쨌든 장로님까지 교회를 멀리하는 상황에 이르자, 첫 목회지에 임한 새 목회자의 자괴감과 실망이 어떠했을지 상상에 맡긴다.

한 분의 목사님이 23년 시무한 교회도 심심찮게 있는 기간을 7분의 목사님이 거쳐 가셨으니, 땅 치고는 피폐한 땅이고, 그렇게 힘든 땅에서 겨우 숨 쉬며 살아남은 탓인지, 교인들도 처음 온 새 목회자를 대하는 태도가 냉랭하기가 이를 데 없다. 특히 우리는 갑작스레 새 목회지로 오게 된 처지여서 아직 살던 집도, 또 내가 맡아서 하던 25년이 넘는 두 비즈니스도 정리를 못한 채였다. 그런 이유로 나는 6개월여 동안이나 300마일 거리를 오가며, 지내야 했던 죽기 직전의 고되고도 힘들었던 전환기를 지냈던 처지다.

H 장로님 이야기를 하다가, 그 초창기 때 당한 어려움에 다시 울컥 해져서 삼천포로 흘러가고 말았다. 나는 새 목회자를 구할 때, 온 교인들이 무릎을 꿇고 엎드려 자기 교회에 꼭 필요한 목사님을 보내 주십사, 간절히 기도한 결과로 우리가 부족한 대로 부름을 받은 것으로 오해하고 감격했었다. 특히 나의 경우는 담임 목사 사모로서의 경험이나 훈련이 전무했던, 모자람 때문에 더욱 감동을 했던 것 같다. 그런데, 월요일 아침에 올바니를 떠나, 300마일 떨어진 버팔로에서 5일간 비즈니스를 운영하고, 금요일 오후에 다시 300

마일을 달려 올바니로 돌아오곤 하던 그 몇 개월 동안, 교인들은 물론 장로님들과도 거의 접촉이 없이, 혼자 지냈었던 남편의 상황을 접하고, 놀라움으로 가슴속이 황량했던 걸 아직도 잊지 못한다.

그런 저런 어려운 시간이 지나다가 언제부터인지, 그 H 장로님이 어느 날 다시 교회에 나오시기 시작했다. 뿐만 아니라 그 장로님이 무슨 연유에서인지, 아무나 쉽게 할 수 없는 사역 즉 새 교인들과 (정확히 기억 못하지만) 청년들에게 성경을 가르치는 귀한 사역을 자청하고 시작하신 것이다. 그분은 올바니 주립대학에서 경제학으로 박사 학위를 하시고 주 정부에서 일을 하시던 조용한 분이셨는데, 그 후로 꾸준히 우리가 그곳에서 목회를 은퇴할 때까지 청년부 성경공부를 계속하셨다. 거의 부 목회자처럼 중요한 사역을 맡아, 교회의 큰 기둥으로 힘이 되어 주셨던 장로님이다.

초창기 때 2, 3년 후에는 짐을 싸리라 마음을 먹기까지 했었던 그 교회에서, 이렇게 말없이 뒤에서 힘이 되어 주셨던 분들의 사랑으로, 11년의 목회를 기쁘게 마쳤고, 온 커뮤니티와 교인들의 따뜻함 속에, 명예 은퇴식까지 받으며 떠나온 그리운 목회지 올바니에서의 동역자 같았던 장로님의 이야기이다.

그 H 장로님과는 지금도 페이스북으로 연결을 하고 지낸다. 장로님은 아직도 독신이신 채, 담담한 신앙의 글을 쓰시면서 청청하게 살고 계신다. 올바니 교회를 생각하면 잊을 수 없는 존경하는 청년 장로님이신데, 어느 날, 그분의 글 서두에, '늙은이, 꼰대' 등등으로 자신을 표현하는 글을 읽었다. 번데기 앞에서 주름 잡는다고 한참 위인 나도, 스스로 '늙은이'란 단어를 써 본 적이 없는데, 감히 그런 단어를 글 '서두'에 쓰셔서, 글 내용을 필요없이 흐트러뜨리는 것 같아 참다못해 텍스트를 보냈다.

그러지 않아도 나는 어느 모임에서나, 둘러 앉기만 하면 '나이' 타령을 시작하는 게, 너무 싫고 고리타분하다.

H 장로님은 나의 기억 속에, 올바니 장로교회와 함께 영원히 살아 계시는, 존경하는 "청년" 장로님이시다.

9. S 집사님

S 집사는 옛 올바니 교회의 여집사님이다. 나보다는 2살이 아래이고, 훌쩍 큰 키에 당당한 체격에 손도 발도 눈도 다 시원시원하게 생긴 분이다. 그림 전공이서서 그분 집에 가면, 그 분의 작품들이 여기저기 벽에 걸려 있었다. 그중에 내가 좋아하던 그림은, 색이 누렇게 변하고 구겨진 낡은 일간 신문지를 그린 그림인데, 교인의 절반쯤 다 모인 듯한 저녁 초대에서 접시를 들고 식탁을 따라 돌아가며 음식을 담을 때, 맞은편 벽 위에 높이 걸려 있어 눈 안에 각인되었던 인상적인 작품이다. 그러나 그분은 아티스트로서 알려지기보다, 교회에선 그저 많은 양의 음식을 손쉽게 준비해서 많은 교인들에게 풍성하게 베풀던, 이 장로님의 부인 S 집사님으로 알려져 있다. 그런가 하면 교민들에겐 프로 골퍼로 더 잘 알려져, 그 이름이 골프 클럽 하우스에 몇 년째 계속 걸려 있는 분이기도 하다.

한편, 문제 많은 이민 교회에 사모라는 신분으로 졸지에 출현하게 되었던 존재가 바로 나다. 아무런 훈련도 경험도 없이, 대학원생을 위주로 한 "청년 믿음회"를 주로 담당하던 부목사의 아내로 비교적 자유스러운 입장으로 지내다가, 갑작스레 담임목사의 사모로 돌

변하게 되었던 상황이다. 7, 8명의 목사님을 거처 보냈던, 쉽지 않은 토양의 교인들이기도 했지만, 몇 주 전까지 비즈니스를 하다가 갑작스레 나타난 사모라는 존재가 그 교인들에게 주었을 느낌이 어떠했을지 상상이 된다. 처음 몇 주가 지나면서 교인들이 특히 여자 성도들 간에, 산불처럼 휩쓸고 갔을 나에 대한 갖가지 불화살들! 그때 나를 지켜 준 사람 중의 한 분이 이 S 집사가 아니었을까 싶다. 또 한 분, 나의 고등학교 1년 선배이신 B 권사님이 계시다. 아마도 이 두 분의 방패로 그나마 용케 피해 낼 수 있었던 불화살들이 아니었을까. 두 분 중 나의 선배이신 B 권사님은 아직 올바니에 살고 계시지만, S 집사님은 벌써 꽤 오래전, 올바니를 떠나 엘에이 라구나 비치(LA Laguna Beach)로 오셔서 살고 계신다. 그런데, 그 집사님의 남편인 이 장로님이, 어린 꼬마들이 젊은이들로 성장하도록 수십 년 동안 사랑을 다 쏟으셨던, 소아과 오피스를 정리하고 자녀들이 사는 서부로 떠나실 즈음, 놀랍게도 이 S 집사님이 갑자기 중풍(스토로크)을 당하셨다.

    그분은 오래전에 뇌 수술을 받으셨던 분인데, 때문에 늘 많은 약을 복용하고 있었다. 그 후유증인지, 때때로 갑작스레 심한 두통(마이그레인)의 충격을 받곤 했는데, 그때마다 온 방 안의 커튼을 다 드리우고 캄캄한 방에 죽은 듯이 누워 극심한 두통이 사라질 때까지 견디어 내곤 했던 걸 기억한다. 그래도 평상시엔 누구보다도 큰 일을 치르곤 하던 집사님이다. 그분이 스트로크를 당하셨을 때, 우리는 이미 은퇴를 하고 샌프란시스코에 와 지내던 중이라 그 상황이 얼마나 심각한지, 직접 눈으로 보지는 못했다.

집사님의 열정적인 성격으로 매일처럼 재활운동을 한계에 넘치도록 하고 있다는 소식을 들었고, 그녀의 남편인 장로님이 올린 페이스북으로, 지팡이를 짚고 라구나 비치를 걷는 그녀의 뒷모습이며 피트니스 센터 트레이드 밀 위에서 운동을 하는 모습도 보았다. 여자라고 다 같은 여자가 아니라는 말이 실감되는, 나와는 다른 큰 스케일의 S 집사님. 그분도 나도 자주 전화를 주고 받는 타입이 아니어서, 두어 번 카톡으로 대화를 나눈 것이 어언 1년은 족히 넘었다. 지난번 전화 때, 발가락이 자꾸만 살을 파고드는 고통 때문에, 발가락 수술을 하셨다며 예의 호탕한 웃음을 웃다가 또 우시다가 하시던 집사님. 얼마 전 그 집사님 생각이 간절해서 이메일을 보냈으나 소식이 없다. 그리고 나서 또 한 3주쯤 지나, 전화를 드렸으나 통화를 못 했다. 우리가 은퇴한 것이 2008년이니, 벌써 17년이 지난 짧지 않은 세월이다. 성격이 활달하고 직선적이어서 처음부터 마음이 통했던 그리운 S집사님. 너무도 못 미치는 사모로서의 훈련이 안 된 나 때문에, 가족들과 여행을 하는 중에도 새 사모인 내가 무슨 사고를 치지는 않을까 조마조마해서 가슴을 졸였다던 친구 같던 집사님!

언제 다시 호탕하게 웃으시는 그 집사님의 환한 얼굴을 마주 볼 날이 있을까, 무더운 이 한여름 7월의 꿈이 아니기를 소원해 본다.

제2장

1. 사랑 나누기

4월이 무르익었다. 옛 고향, 뉴욕 주 올바니(Albany)의 한 분이 페이스북에 올린, 수북히 쌓인 데크의 눈을 본 것이 불과 몇 주 전인데, 이곳은 벚꽃도 한참 철이 지났고, 갖가지 꽃들과 신록의 나무들로 공기마저 초록색으로 눈이 부신 봄날이다. 이맘때면 생각나는 분이 있다.

이른 가을부터 집 뒤 언덕에 비닐 하우스를 만들고, 계단식으로 만든 그 온실과 밭을 오르내리며 씨앗에 물을 주고, 채소의 모종이 자라면 크고 작은 4,000여 화분에 옮겨 심어, 주위 한인 가정들에게 7년째 모종을 나누어 주고 계신 분이다.

지난해엔 나도 상추와 풋고추, 토마토, 오이, 호박이며 깻잎 등 싱싱한 모종을 받아 왔었다. 그러나 나는 햇볕이 고픈 콘도 2층에 사는 관계로 상추와 깻잎 몇 그루만 남기고, 오이와 토마토 풋고추 등 열매 맺는 모정들은 딸네 뒷마당에 가져다 심었고, 또 계단식 정원과 텃밭을 새로 만든 며느리까지 와서 나머지 두어 개 오이며 토마토 상추 등을 가져갔었다. 딸은 늘 바빠, 어린 손주들에게 "1주일에 두 번씩만 물을 주면, 용돈 두둑히 줄게!"라고 꼬셨었는데, 한 번씩 가 보면 "I forgot, sorry!" 하기 일쑤였고, 때맞춰 사랑을 못 받은 채소들은 살기를 계속할지 말지, 여름내 안타까운 꼴이었다. 그래도 내 베란다에 심었던 상추와 깻잎은 잘 자라 주었고, 며느리도 오이와 상추 토마토 기르는 재미를 보았다고, 금년에도 기대해도 되냐고 물어 온다.

봄부터 가을까지, 골프를 사랑하는 친구에 못지않게 까맣게 탄채, 텃밭에서 종일 채소를 기르며, 행복했었던 동부에서의 삶이 생각난다. 크지도 않은 텃밭이었는데, 부추와 고추 오이 호박 가지 아욱까지 미처 다 먹지도 못하는 채소들을 매일매일 가꾸며, 모기 때문에 깻잎은 미처 따서 돌리기도 벅찼던, 기쁘고 뻐근했던 추억이다.

지금은 모두가 팬데믹으로, 또 참담한 전쟁의 소식으로 몸도 마음도 괴롭고 힘든 때다. 그럼에도 불구하고 원근 각지 한인들에게 사랑의 모종들을 나눠 주시고, 그 수고의 결과로 멀리 볼리비아로 선교비를 보내며, 묵묵히 살아가시는 그분의 따뜻한 삶으로 조금은 살맛 나는 사랑의 계절, 4월이다.

　　　　　　　한국일보 (샌프란시스코 판/2022): "여성의 창"

2. 생소한 이름

곧 파더스데이가 다가오지만, 나는 아버지에 대한 기억이 전혀 없다. 그의 모습도 그의 음성도 기억할 것이 전무하다. 이러한 기억의 결핍은 어떤 면에서 편안하기도 하다. 아무것도 기억할 것이 없음으로 그리움도 원망할 근거도 없기 때문이다.

그래도 가끔 중후한 모습의 중년 어른을 보면, 저런 분이 내 아버지라면 어떤 기분일까, '참 괜찮겠지…', 잠시 속으로 생각해 본 적이 있다.

생각해 보니, 그날은 바로 4월 1일 '만우절', 만우절의 기원은 잘 모르지만 그날만은 거짓말을 해도 넘어가는 날이라 친구들끼리 서로 장난 섞인 거짓말을 했던 어린 시절, 한 친구 생각이 난다.

고등학교 시절 우리 그룹 중에 나와 꽤 가까운 사이였던 친구의 생일이 바로 이 '만우절'인 4월 1일이었다. 그 친구는 우리들 중 비교적 유복한 가정에 속했고, 대한극장 뒤 필동의 큰 이층 집에 살고 있었는데 4월 1일이 자기 생일이라며 우리들을 초대했다. 그런데 막상 가 보니 아무도 안 오고 덩그러니 나 혼자만 와 있었다. "어떻게 된 거야?" 물으니 "만우절 거짓말인 줄 알고 해마다 아무도 안

와." "몇 해 만에 네가 처음 온 거야"라며 친구가 웃으며 말했다.

평양이 고향인 그 친구 엄마가 꿩으로 국물을 낸 이북식 만두국과 진미를 차려 주셔서 친구와 단 둘이만 생일상을 받고 돌아온 기억이다.

그날이 마침 '만우절' 4월 1일이기도 했었지만 바로 그 친구 아버지가 내 기억 속에 남아 있는 중후한 어른이다. 그 애 어머니도 다정하신 분이었지만 그 친구 아버지를 보면서 친구를 속으로 많이 부러워했었던 생각이 난다. 친구 아버지는 마땅한 부지를 사서 노동자 몇 명과 함께 집을 한 채씩 예쁘게 지어서 파는 설계사이며 개인 건축가였다.

내 친구는 속이 깊고 조용한 아이였는데, 언젠가 내게 "학교에서 돌아오다가 뜨거운 공사장에서 까맣게 타신 얼굴로 일하고 계시는 우리 아버지 모습을 보면 가슴속이 쓰리고 아파!"라는 말에 내심 놀랐다. 아버지에 대한 친구의 남다른 사랑에 샘이 나기도 했지만, 친구가 나긋나긋하게 '우리 아버지'라고 부르는 어감 속의 세 글자 '아버지'란 단어가 내게는 너무도 낯설고 생소해서 잠시 친구가 밉기까지 했던 까마득한 옛 기억이다.

내가 한번도 소리 내어 "아버지"라고 불러 보지 못했던 나의 아버지도, 속으로 남몰래 부러워했었던 그 친구의 아버지도 지금은 두 분 다 이 세상에 안 계신다.

한국일보 (샌프란시스코 판/2022): "여성의 창"

3. 집요한 사랑

나의 어머니는 불쌍한 여인이다. "살림 잘하는 김 의원 색시"로 온 평원군 여인들의 선망의 대상이었던 명석한 엄마는 삽시에 천치가 되어, 부끄러운 엄마로 화인이 찍혔다.

내로남불이라는 말이 그 시대엔 없었는지, 그녀의 로맨스는 부끄러운 불륜으로 낙인이 찍힌 채 평생 고달픈 멍에를 지고, 떳떳지 못한 삶을 사셨다. 평생 도려내 버리고 싶었던 가슴속의 암 덩어리 같은 내 어머니의 이야기이다.

나는 큰오빠 외에, 세 명의 언니 그리고 내 아래로 두 살 터울의 이복 남동생이 있다. 어머니는 유복한 가정의 맏딸로 태어났으나 할머니가 고혈압으로 39세에 쓰러지셨고, 43세에 타계하신 후 네 동생의 어머니 역할을 하며 살다가, 18세에 할아버지가 골라 준 의사인 아버지와 결혼을 했다.

아버지의 날개 아래 행복했던 어머니의 하늘은 오빠가 14살, 막내인 내가 2살도 되기 전, 평생 남의 명은 다 고치면서, 자신의 몸에 생긴 탈은 고치지 못한, 아버지의 죽음으로 한순간에 곤두박질을 쳤다. 졸지에 5명의 아이들과 미망인이 된 33세의 어머니, 절망의 소용돌이 속에서 아버지 병원 조수 친구의 위로에 쓰러졌고, 그 후 어머니는 평생 그 몸이 감당할 수 있는 최선을 다해, 이번엔 우리 다섯의 채무자처럼 치열하게 사셨다.

설상가상 6.25 사변이 터지자 엄마는 어른의 재킷에 이불에서 뜯어 낸 솜을 집어 넣어 만든 코트를 우리에게 입히고, 동생을 등에 업은 채 나와 셋째 언니를 걸리며 혹독한 겨울에 피난길을 떠났다. 일사후퇴 때의 눈 덮인 그 끝이 안 보이는 피난길을 눈 먼 양떼 같은 우리들을 몰고, 엄마는 이북 고향을 떠나 부서진 대동강 다리를 건넜고, 서울에서 부산, 김해, 광주 그리고 또 다시 서울로 돌고 돌아긴 세월을 살아 내셨다.

그렇게 우리들은 부끄러운 그 어머니의 희생을 채권자처럼 누리며, 마침내 태평양 건너 미국땅까지 이르렀다. 지금은 더러는 한국에서, 더러는 미국 땅에서 어머니와 오빠 언니들이 앞서고 뒤서며, 순서 없이 모두 저 세상으로 떠나셨다.

일생 죄인의 옷을 무겁게 입고 사신 나의 어머니, 그 어머니에 대한 아픈 회한 때문에 그녀가 평생 벗지 못하셨던 무거운 옷을, 지금은 내가 유물처럼 받아 입고 있다. 훌훌 벗어 버릴 수도, 결코 버리고 싶지도 않은, 내 어머니의 집요한 그 사랑의 옷. 딱 한 번만이라도, 그 무거운 옷을 어머니의 어깨에서 벗겨 드리고 싶어지는 어머니 날이다.

한국일보 (샌프란시스코 판/2022년): "여성의 창"

4. 두 갈래 길

'Thirst'는 채리티 워터(Charity: Water)의 최고경영자, 스캇 해리슨이 쓴 자서전(Memoir)이다.

이 책은 뉴욕 고급 나이트 클럽 프로모터로 밤마다 값비싼 술과 마약, 모델들에 둘러싸여 10년을 살아온 스캇 해리슨이 어느 날 신체 무감각 증상이 생기며 삶의 의미를 잃게 되자 "지금 내 인생의 정반대 삶은 어떤 것일까?"란 질문과 함께 모든 것을 뒤로하고, 아프리카 지역에서 활동하는 의료봉사 병원선 머시십(Mercy Ship)으로 들어가게 된 이야기이다. 거기서 3달 단기 계약으로 왔다가 40년째 살고 있는 위턱 얼굴외과(Maxillofacial) 의사 게리 파커를 만나면서 28세 스캇 해리슨의 인생이 새롭게 바뀌게 되는 실제 스토리를 담고 있다.

우리는 때때로 삶의 갈림길에 놓인다. 어떤 때는 새 기회일지도 모르는 그 길을 잘못 선택하여 깊은 절망에 빠지기도 한다. 시인 로버트 프로스트의 〈가지 않은 길〉이나 스캇 팩의 《아직도 가야 할 길》이 이처럼 오랜 기간 읽히는 이유도, 보다 가치 있는 삶에 대한 우리의 갈증 때문이 아닐까 싶다. 그 갈증이 20대의 스캇을 미지의 삶으로 과감하게 돌아서게 했고, 820만 명이 넘는 아프리카인들에게 깨끗한 물을 제공하게 된 것이다.

우리는 넓은 길과 좁은 길, 두 길 중에 후자의 택한 분들의 이야기를 종종 듣는다. 내가 아는 분 중에도, 은퇴 후 하고 싶은 일을 찾으려고 코스타리카를 거쳐 니카라과에 이르렀을 때 그 곳의 열악한 교육 환경을 접하고, 후에 니카라과 "엘 파라이소" 마을로 되돌아가 어린 아이들을 후원하는 장학사업을 시작한 분이 있다. 그 후, 같은 뜻을 가진 지역교회의 후원자들 외에 아시안 커뮤니티 지인들과 함께, 현지인 리더십 아래 지금까지 7년째 계속되고 있는 장학선교이다.

지난 2년여간 팬데믹으로 여의치 않았던 후원금 송금 문제가 마침내 해결되면서 아직 정치적으로도 불안정한 그곳의 후원학생 87명도 직접 만나 보고, 현지 상황도 살펴볼 겸 12일간 일정으로 니카라과 여행을 추진 중이던 그분이 코비드 확진 결과를 받았다.

비록 여행은 불가능하게 되었지만, 머지않아 팔순을 바라보는 그분이 택한 길로 인해 87명 니카라과 어린이들의 앞날이 넓게 열리기를 바라며 동시에 나도 삶의 두 갈래 길에 당면했을 때, 눈을 부릅뜨고 바른 길을 분별하고 과감하게 도전할 수 있는 지혜와 용기를 갖게 되기를 소망해 본다.

한국일보 (샌프란시스코 판/2022): "여성의 창"

5. 남대문 시장

쇼핑은 묘약과 같다. 나는 종종 쇼핑을 통해 활력을 받는다. 한동안 집안에 죽은 듯이 조용히 잘 갇혀 지내다가도 갑자기 후다닥 하던 일을 다 멈추고, 몰(Mall)로 달려 나갈 때가 있다. 꼭 필요한 무엇이 있어서도 아닌데 마켓이 주는 자석 같은 마력에 끌리는 것 같다.

나는 몰 쇼핑뿐만 아니라 목요일마다 우리 동네에서 열리는 파머스 마켓(Farmer's Market), 도서관 뒷마당의 헌책 쇼핑, 화원의 꽃 쇼핑 등 다 좋아한다. 쇼핑 얘기가 나왔으니 빼놓을 수 없는 데가 또 한 곳 있다. 한국을 방문하면, '교보문고' 등 책방도 돌아보지만, 반드시 꼭 몇 번 다녀와야 직성이 풀리는 '남대문 시장' 쇼핑이다. 신세계백화점 뒷문으로 나가면 곧바로 몇 발자국 걷지 않아도 여행가방으로부터 시작해 셔츠나 막 입는 바지 등을 카트에 늘어놓고 아줌마 아저씨들이 와자지껄 호객을 하는 곳에 이른다. 필요한 품목인지 생각할 겨를도 없이 나는 곧장 시장 열기에 끌려 사람들 사이로 끼어들며 셔츠와 바지들을 뒤적거리며 함께 어울린다. 그렇게 사람들과 서로 큰 목소리로 웃고 대화하며 밀고 밀리다 보면, 며칠 전 태평양 건너에서 끈끈하게 묻어 온 잡다한 것들이 내 몸속에서 말끔하게 다 빠져나가는 느낌이다.

팬데믹 이전 한국 방문 시 빠뜨릴 수 없었던 남대문 시장의 잊을 수 없는 기억들이다. 살아 있다는 생명의 꿈틀거림이 온몸 구석구석에서 펄떡이는 맥박으로 되살아나던 고국의 진한 냄새. 마주 스쳐 지나는 사람들의 높은 대화 소리와 웃는 얼굴이 나와 무관치 않게 느껴져 덩달아 헤실헤실 웃음을 걷잡지 못했던 정겨운 남대문 시장의 매력이다.

발끝만 살짝 가리는 살색 나일론 양말 "12켤레가 만 원이요!" 남자 면 양말 몇 켤레 속옷 몇 개와 백양 런닝 셔츠 몇 장, 게다가 있어도 그만 없어도 그만인 색다른 것들을 무슨 보물이나 되듯, 검은 비닐 봉지로 돌돌 말아 덥석 정겹게 건네주는 아줌마. 나도 고마워서 그분의 손을 꼭 마주잡고 얌전하게 접은 돈을 건넨다.

팬데믹으로 계획했던 2020년 10월의 한국 여행이 무산되고 2021년 5월로, 그 역시 가능치 않아 또 한 해 뒤 2022년 5월로 미뤄지던 중에 이번엔 우리에게 일이 생겨 또다시 2022년 가을로, 희망의 끈을 놓지 못하고 있는 고국 방문이다.

걸핏하면 마켓으로 달려나가곤 했다는 '소크라테스', 그도 마켓에 꿈틀거리는 삶의 생동감을 때때로 느끼고 싶었던 것일까.

한국일보 (샌프란시스코 판/2022): "여성의 창"

6. 졸업식

6월, 졸업시즌이다. 지구 한 코너에서 계속되고 있는 전쟁도, 인내심의 한계를 저울질하며 3년째 동거하며 지내는 팬데믹도 잠시 뒷전으로 밀어낸다. 아이들의 졸업식 날이기 때문이다.

며칠 전 초등학교와 중학교를 졸업하는 두 손자들의 졸업식에 다녀왔다. 큰 손자의 중학교 졸업식에는 무장한 경비원이 눈에 띄었지만, 초등학교 졸업식에는 어린 아이들에 대한 배려로 눈에 안 뜨는 곳에 배치되었는지 경비원이 안 보였다.

드디어 캠퍼스 뒤쪽에서 학부모들 사이로 졸업생들이 앞으로 걸어 나오며 예식이 시작됐다. 아이들이 한 명씩 높은 단상 앞으로 올라가 앉는 동안 부모들은 오랜만에 아이들을 만난 듯 자리에서 일어나 저마다 자기 아이들을 찾아 사진을 찍느라 야단법석이다. 국기에 대한 맹세 등 예식이 끝나고 10살, 11살짜리 졸업생들이 한 명씩 걸어 나와 군중들 앞에서 지난 5년 동안 초등학교 삶에서의 가장 인상 깊었던 일들을 간단히 발표했다.

'정글 북' 연극 출연, '밴드' 멤버 활약, '오징어 해부' 경험에 이어 무서운 '유령의 집'을 참관했던 일 등을 열거하면서, 거의 모든 학생들이 빠짐없이 언급 한 말은 "친구"라는 두 마디 단어였다. 잊지 못할 그들의 기억 속에는 한결같이 친구가 함께 있었고, 그 "친구"라는 존재가 그들의 삶에서 빠질 수 없는 행복의 조건이었던 것이다.

중학교 졸업생들도 개인보다는 오케스트라부, 미술부, 스포츠 그룹, 컴퓨터 프로그램부 등 역시 혼자가 아닌 그룹에 속한 일원으로서의 존재감을 강조했다. 혼자서는 행복해질 수 없는, 더불어 사는 존재임을 초중학생들을 통해 재확인한 셈이다.

마지막으로 교장 선생님은,

1) 도전할 때 절대 포기하지 마라
2) 억지로라도 웃어라
3) 참여하라(get involved)
4) 다른 사람을 존중하라
5) 황금 룰 즉, 상대가 너에게 해 주기를 원하는 대로 너도 상대방에게 행하라

라는 메시지를 전했다.

이 다섯 가지는 졸업생뿐만 아니라, 더불어 살아가야 할 우리 모두에게 주는 권면의 말씀이었다.

요즘 나는, 중고등학교 동창 107명 채팅방과 미국 내의 19명 채팅방을 방문하며 지낸다. 하얀 칼라의 교복을 입었던, 네가 나 같고 내가 너 같은 단발머리 친구들을 손때 묻은 옛 동창 수첩으로 다시 확인하며 그들과 삶의 지혜와 기쁨을 함께 나누고 있다.

수십 년 전 학교는 졸업했지만 친구와는 졸업이 없이 평생 더불어 살아간다.

한국일보 (샌프란시스코 판/2022년): "여성의 창"

7. 우크라이나 일가족의 죽음

2022년 2월 24일 시작된 러시아의 침공으로 인해 1천만 명의 난민이 우크라이나를 떠났고, 총 700여만 명의 인구가 우크라이나에서 난민이 된 상황이다. (2022년 4월 5일, IOM, 국제이주통계기구 집계)

피난 중 박격포에 맞아 목숨을 잃은 우크라이나 한 가족의 비극적인 사진을 보며, 6.25 한국전쟁 한복판에서 어린 나이에 부서진 대동강 다리를 건넜던 까마득한 기억이 되살아 온다. 막상 대동강을 건널 때는 노도처럼 밀리는 인파로 가족들과도 홀로 떨어져, 뒤에 남아 피난민을 도와주던 국군의 손에 이끌려 얼기설기 판자들을 띄운 출렁이는 부교 위를, 앙앙 울면서 한 발자국씩 밟고 건넜던 기억이다.

그때 그 군인 몇 명이 피난민들을 인도하지 않았더라면, 오늘 내가 우크라이나 참사에 대해 쓸 수 있었을까. 어른 두세 명만 한꺼번에 밀렸어도, 1월의 차디찬 강물 속으로 수장될 수밖에 없었던, 일사후퇴 당시의 피난 이야기이다.

뉴욕 타임지에 실린 우크라이나 일가족의 참사 사진은 세상을 경악시켰다. 컴퓨터 프로그래머였던 남편 페레비니스(43세)는 코로나에 걸린 어머니를 돌보러 동부 도네츠크 지역으로 가족과 떨어져 홀로 가 있었고, 독일 소프트웨어 회사의 회계사였던 그의 아내 테티니아(43세)는 아이 둘과 함께 따로 전쟁을 견뎌 내고 있었다. 그러나 그녀도 급기야 회사의 권고로 더 이상 지체할 수 없게 되어, 피난 길을 결정하고 폴란드에 이미 방까지 구해 놓았으나, 그녀 역시 알츠하이머를 앓고 있던 어머니 대피 문제로 출발을 미루고 있었다. 더 이상 지체할 수 없는 급박한 상황에 이르러, 그녀가 키이우 외곽에서 아들 키타(18세)와 딸 엘리사(9세)를 앞세우고 서둘러 떠났던 피난 길에서 박격포의 공격으로 온 가족이 몰살을 당하게 된 참혹한 사건이다.

남편은 아내와 전날 밤까지 연락을 했으나 통신망이 마비되어 연락이 끊겼었는데, 이르핀의 대피 경로에서 박격포 공격으로 한 가족이 사망했다는 게시물을 보게 되었고, 잠시 후 한 장의 사진과 함께 올라온 트위터 글에서 자신의 가족임을 확인했다고, 인터뷰 중에 흐느껴 울었다.

3일 만에 우크라이나의 함락을 자신했던 블라드미르 푸틴, 그도 자식을 둔 아버지이며 아내를 가진 남편이란다. 유럽에 사는 전처의 두 딸 외에, 31세 연하의 연인과 네 자녀를 스위스로 숨겨 두었다는 푸틴, 그도 키이우의 그 참담한 일가족 몰살 사진을 보았을까. 전쟁은 진정으로 영구히 말살되어야 할 악이다.

한국일보 (샌프란시스코 판/2022): "여성의 창"

8. 혼혈아 멜빈 브라운

6.25가 다가올 즈음이면 아직도 생각나는 얼굴이 있다. 동부에 있었을 때, 교회 "청년 믿음회"에 속했던 혼혈아 청년 멜빈 브라운이다. 철부지 여대생이 우연히 창경궁에서 만난 백인 장교와 화창한 고궁을 거닐었고, 식사 후 맥주 한 잔을 함께 나눈 날, 실수로 낳았다는 혼혈아. 미군 장교와는 소식이 단절되고 집안의 결정으로 아기는 쉬쉬하며 여기저기 돌려지며 자랐다. 그 후 그녀는 결혼해서 딸 하나를 낳고 이혼으로 끝나, 캐나다에서 딸과 둘이 나이아가라 폭포를 사이에 두고 미국 쪽 국경도시 버팔로에 살고 있는 아들 멜빈을 지켜보며 살았다.

단정한 용모에 온순한 성품으로 유학생들이 대부분이었던 우리 교회 '청년 믿음회'의 일원인 것이 부담스러웠는지, 늘 한구석에서 조용했던 멜빈. 그때 캄보디아에서 온 왜소한 청년 한 명이 더 있어서 그들을 의식해, '대학원생 그룹'의 명칭을 '청년 믿음회'로 바꿨었다.

멜빈이 우울증으로 약 복용을 시작한 즈음의 몹시 추웠던 어느 정월, 나이아가라 근처 루이스턴의 신경외과 닥터 Y로부터 연락이 왔다. 신원을 알 수 없는 청년의 시신이 병원 시신소로 운반되어 왔는데, 혹

최근 실종된 젊은이가 있는지 아시안 커뮤니티에 알아보고 있단다.

그리고 다음 날, 그 시신이 바로 멜빈 브라운이라는 믿기 어려운 사실이 드러났다. 바로 전날 캐나다에서 방문하러 온다는 이복 여동생의 연락을 받은 멜빈이 너무 기뻐 마중하러 달려 나갔다가, 마침 눈이 내리기 시작한 저녁시간 달려오는 차를 못 보고 그대로 차에 부딪혀 수백 야드를 끌려가며 종잇장처럼 구겨져 죽어 갔다는 서글픈 이야기이다.

캐나다에서 그 어머니가 달려왔고, '청년 믿음회' 멤버들이며 교인들이 다 모였을 때, 그녀가 절규하던 모습을 아직도 잊지 못한다.

"다리 건너 바로 이웃인데, 캐나다에서 미국으로 하는 국제전화라고 그 요즘 걱정하던 불쌍한 내 아들…" 꺽꺽 울음을 삼키던 그녀 앞에서 벙어리가 되었던 우리들.

그 혹한 속의 옛 이야기가 아직도 이렇게 사무치는 이유는 무모한 우크라이나의 전쟁으로 인한 수많은 죽음과 6.25 전쟁이 남긴 멜빈의 뼈아픈 삶이 무관치 않아서일까.

얼마 전, 서울의 한 친구가 5월의 끝자락을 꽃보다 아름다운 춤추는 초록의 계절이라고 찬가하는 글을 읽었다. 나도 이제는 6.25 전쟁이 남긴 구렁이 같은 긴 상흔을 훨훨 떠나 보내고 싶다. 그리고 이제는 전쟁과 무관한 눈부신 6월의 찬가를 가슴이 먹먹하도록 불러 보고 싶다.

                    한국일보 (샌프란시스코 판/2022): "여성의 창"

9. 얼마나 더 많은 종들이 울려야 할까

2022년 5월 24일 텍사스주 롭 초등학교 총기난사로 초등학생 19명과 교사 2명이 또 생명을 잃었다. 5월 14일 동부 버팔로의 인종 혐오 총기난사 이후 꼭 열흘 만이다. 미국은 전 세계에서 총기난사 사건으로 유명한 나라가 되었다. 18살 생일을 기다려 총을 구입한 범인 살바도르 라모스는 전화요금을 두고 외할머니와 말다툼을 하다가, 할머니의 얼굴에 총을 쏜 후, 온라인에서 만난 독일인 소녀에게, 페이스북 메시지를 보내 할머니를 쐈으며 4학년 초등학교에서 총을 쏠 것이라고 말했다. 이후 그는 할머니의 트럭을 타고 롭 초등학교로 이동하여, 19명의 아이들과 두 교사를 사살한 주변 고등학교 학생이다.

희생된 교사 중 어마 가르시아(46세)는 24년간 교사였던 네 아이들의 엄마였고 또 다른 선생 에바 미릴레스(44세)도 17년간 교사로 아이들을 가르쳐 왔고 대학을 졸업한 아이가 있는 엄마였다. 미릴레스의 남편은 같은 지역의 경찰이었으나 아내를 지키지 못했고, 이틀 후인 5월 26일 가르시아 교사 남편은 슬픔으로 인한 심장마비로 죽었다는 가슴 아픈 뉴스가 뒤따랐다. 생명의 존엄성이 사라지고, 이제는 앞날을 가늠할 수도 없어졌다. 내일의 호흡을 장담할 수 없다는 지고의 진리를 말하려는 것이 아니다.

어니스트 헤밍웨이의 《누구를 위하여 좋은 울리나》 제목에 영감을 준 '존 던'의 시에는 "어느 사람의 죽음이라도 나를 작게 만든다/ 왜냐하면 나는 인류와 연루돼 있기 때문이다/ 그러니 누구를 위하여 좋은 울리냐고 묻지 말라/ 그것은 당신을 위하여 울리는 것이다" 적혀 있다.

생명이 떠날 때, 그 생명이 차지했던 자리는 그의 빈 흔적으로 남는다. 그 빈 자리와 아픈 흔적을 기리는 의미로, 한 생명이 떠날 때마다 종을 울렸던 것이 아닐까.

이 소설은 스페인의 독립을 위해 파시스트에 대항하여 싸우는 게릴라 편을 위해 다리 폭파의 임무를 맡은 포버트 조던과 파시스트에게 무참히 유린당하고 모든 것을 잃게 된 스페인 소녀 마리아와의 사랑 이야기이기도 하다. 결국 훌륭한 이상의 주인공도, 살생을 업으로 삼았던 악인들도 모두가 다 잃어버린 자로 죽음을 맞게 된다. 그들은 누구를 위해 '대가(toll)'를 치러야만 했을까. 얼마나 더 많은 죄 없는 생명들이 무엇을 위해 대가를 치르며 이렇게 죽어 가야 할까.

무모한 전쟁으로 아시안이란 이유로 또는 피부가 검다는 이유로 생명들이 사라지기도 한다. 이제는 아직 피지도 못하고 떨어져 시드는 어린 꽃봉오리들이 우리들을 상실감으로 절망에 빠지게 하고,

인간이기를 거부하고 싶도록 위축시킨다. 얼마나 더 많은 종들이 울려야 할까, 꼭 듣고 싶은 대답이다.

　　　　　　　한국일보 (샌프란시스코 판/2022): "여성의 창"

10. 버팔로, 그 잊을 수 없는 도시

지난 5월 14일 뉴욕 주 버팔로에서 또 총기난사 사건이 일어났다. 18세 백인 청년 페이튼 젠드런이 200마일 떨어진 소도시에서 차로 달려와 버팔로 흑인 지역의 탑스 슈퍼마켓(Top's Supermarket) 주차장에서 4명을 쏴 죽인 뒤, 계속 마켓 안으로 진입하며 9명을 더 총으로 쏘아 13명의 사상자를 낸 버팔로 역사상 최대의 인종 혐오 사건이다. 이 총격으로 흑인 10명이 사망했고 백인 2명과 또 다른 흑인 1명, 도합 3명이 다쳤다. 경찰로 은퇴한 뒤 사건 현장인 슈퍼마켓의 경비원으로 일했던 흑인 '아론 솔터'와 양로원으로 남편을 만나러 왔다가 잠시 마켓에 들렀던 86세의 흑인 할머니도 생명을 잃었다. 범인은 지난 3월부터 총격 연습을 하며, 타깃 지역을 미리 찾아내는 등 철저히 계획했었고, 헬멧에 동영상 카메라를 부착하고, 범행 장면을 소셜미디어로 생중계까지 했던 믿기 힘든 대학살(Massacre) 사건이다.

나이아가라 폭포가 있고, 캐나다와 접하고 있는 국경도시인 버팔로는 나에겐 두 번째 고향과 같은 곳이다. 버팔로 대학 캠퍼스에서 남편과 만나 결혼해 가정을 이루고 29년을 살아온 곳이고 아직 시

누이의 온 가족과 옛 지인들이 살고 있는 잊을 수 없는 곳이다. 또한 곳곳에 흩어져 활약하고 있는 수많은 버팔로 2세들과 심지어 3세까지 "고 빌스(Go, Bills)!"를 외치며 버팔로 축구게임이 있을 때면, 더러는 함께 만나 열렬히 응원하는 우리 아이들의 고향이기도 하다.

하루가 멀다 하고, 여기저기서 일어나는 총격사건이 이제는 그 정체나 원인을 가려 낼 수도 없는 지경에 이르렀다. 사람이 모이는 곳이면 파티장이건, 예배 장소이건, 마사지 팔러건, 미용실이건 구별 없이 총격사건이 일어나곤 한다. 코비드 때문이 아니더라도 우리들의 삶이 무분별한 인종 혐오 총격으로 네 벽 속에 갇힌 죄수(Prisoner)같이 전락하는 것 같아 두렵고 비참하고 슬픈 심정이다. 또한 이렇게 두려움으로 소침해지는 스스로가 견딜 수 없다.

꿈이 현실로 가능한 땅, 인간의 평등을 보장받고 행복을 추구하기 위해 찾아온 땅, 아름다운 이름의 미국이란 나라가 이제는 백인과 흑인을 비롯해 모든 인종에게 더 말할 것도 없는 두려움의 땅으로 변화되어 버릴지 누가 예측이나 했을까. 이 땅에 평화와 정의가 강물처럼 흐르는 때는 과연 올 것인가.

한국일보 (샌프란시스코 판/2022): "여성의 창"

11. '카카오톡'과 '퍼온 글'

　카카오톡은 이제 우리 한인들에겐 거의 삶의 동반자이다. 10년 전만 해도 카카오톡이 우리 삶 속에 이토록 함께 했었나 돌아보게 된다. 지금은 그 기능이 더 발달되어 이제는 전화기만 손에 있으면 언제든지 누구에게라도 카카오톡으로 연결이 가능하다.
　수십 년 전 나이아가라 폭포로 한국에서 동창들이 단체 여행을 왔었는데 그때 딱 한 번 만난 후, 뜸했던 일본에 사는 친구로부터 몇 십 년이 또 지난, 엊그제 전화를 받았다. 물론 카카오톡 전화로이다.
　친구의 음성이 태평양 저쪽 일본에서 온다는 게 믿기지 않을 정도로 소근소근 꼭 옆에서 속삭이는 것 같다. 카카오톡은 참으로 편리하고 유용하다. 전화뿐이랴, 방금 그 어디에서 찍은 사진도 빛처럼 빠른 속도로 날아온다. 며칠 전엔 서울의 여고동창들이 칠십이 한참 넘은 나이에 빨간 레이스 드레스에 흰 진주 목걸이로 똑같이 단장을 하고, 신라호텔 영빈관 앞에서 찍은 사진이 카톡으로 날아왔다. 돋보기를 찾아 쓰고 눈을 치켜 뜨며 "얘가 누구지?, 쟤 이름은 뭐였더라" 반가운 얼굴에 이름까지 함께 생각나면 기쁘고 신이 나서 "와 아직 곱네." "얘는 염색을 안 한 탓인가 좀 갔네" 혀까지 쯧쯧

차며 반가워서 어쩔 줄을 몰라 했었다.

 그런데 이런 기쁘고 반가운 카톡도 있지만 간혹 오랜 세월 소식이 없던 지인의 이름을 발견하고 반가워서 열어 보면, 오랜만인데 한마디 인사도 곁들이지 않은 "퍼온 글"이 화면을 가득 채우고 있다. 음악까지 곁들인 길고 긴 "퍼온 글" 속의 대리 인사가 절절하긴 하다.

 그런데 이런 똑같은 "퍼온 글"이 때로는 두 개 세 개까지 여기저기서 동시에 날아오기도 한다. 표현대로 그냥 '퍼서' 돌리는 모양이다.

 감동적인 글 혹은 세상 어디선가 일어나고 있는 기이한 상황이나 풍경을 지치지도 않고 보내 오는 열정적인 친구도 있지만, 출처를 알 수 없는 "과격한 글", "정치적인 글", 혹은 사기를 저하시키거나 사람들을 분열시키는 "퍼온 글"들이 거침없이 내 영역을 침범해 온다. 게다가 애국자이시면 이 글을 며칠 내에 몇 사람에게 '전송'하라는 황당한 요구까지 달아서 날아온다.

 내일을 알 수 없는 유한한 삶인데 좀 더 개인적이고 배려가 담긴, 남이 써 놓은 '퍼온 글'만이 아닌 정다운 본인의 몇 마디를 기대하는 것은 나만의 과한 욕심일까. 아울러 '과유불급'이란 사자성어가 새삼스럽게 머리 속을 가득 채워 온다.

        한국일보 (샌프란시스코 판/2022): "여성의 창"

12. 나의 선한 친구

고1 때 미국으로 이민을 왔던, 내 친구가 종종 소식을 보내온다. LA에서 저소득층의 복지와 삶의 향상을 위해 때로는 연방펀드국과 맞서, 신변의 위협까지 감수하며 맹렬히 살아온 나의 장한 친구다. "Moon River"와 아일랜드 민요 "목동아(Danny Boy)" 등을 감미롭게 불렀었고, 팬데믹 전까지 교회에서 영어 바이블 클래스를 30년 넘게 가르쳤던 그 친구가 지금은 심장 약을 5가지나 먹고 있다. 건강이 좋아지면 이민 초 매일 울면서 고등학교를 다녔던 청소년기 고향, '몬테레이'로 함께 드라이브를 가자고 노래를 부르는 나의 친구.

팬데믹 발발 직전에 세상을 떠난 그 남편의 장례식에 다녀온 것이 어언 4년 전, 그 후 혼자 코비드 1차 접종 후 심한 후유증으로 우편을 체크 하러 나갔다가 집 앞에서 쓰러진 걸 앞집에서 목격하지 않았더라면… 생각만 해도 아찔한 일도 있었다. 혼자 살면서 제대로 섭생도 못하다가, 겨우 2차 접종은 했지만 아직 외출도 자제하며 지내는 형편이다. 게다가 남편이 세상을 뜨기 전, 사 놓은 인터넷 구입품들의 비밀번호를 알 길이 없어 그에 대한 세금 지불 문제로 온갖 고생을 다하고 있다는 소식도 보내왔다. 그 때문에 너무 힘들어 예상치 않게 갑자기 떠난 남편이 이제는 그리움보다 원망스럽기까지 하다는 나의 친구.

그 친구가 얼마 전 또 소식을 보내왔다. 최근에 가까스레 정리했던, 임대 빌딩에 살던 청년이 강제 퇴거를 당하게 되었다는 소식이다. 함께 살던 청년의 엄마가 다른 곳으로 이사하며 그 아들에게 계속 그곳에서 살게 해 주고 떠났는데, 거주자의 명단에 아들 이름이 등록되어 있지 않았었는지, 새 빌딩 주인이 청년에게 아파트에서 나가라고 한다는 얘기다.

친구의 손을 떠난 이제는 무관한 청년의 일이지만, 그의 전화 호소를 받고, "돈밖에 모르는 그 새 건물주와 끝까지 법적으로 가 볼까 봐." 착하기 그지없는 친구가 전화에 대고 흥분을 감추지 못한다.

아무런 대안이 없어, "어쩌면 좋으냐" 되뇌는 나.

십여 년 전 내가 샌프란시스코로 이사 왔을 때, LA에서 9시간이나 빗속을 달려왔던 나의 친구다. 다음 날 나를 태우고 몇 시간을 또 달려 가서, 보여 주었던 몬 트레이의 그 고등학교 운동장과 높은 스탠드 층계들이 아직도 눈에 선하다. 가족을 따라 이민을 오며, 졸지에 헤어졌던 고국의 옛 동무들이 그리워 태평양 너머 고향 쪽 수평선을 바라보며, 학교 교정 돌 층계 맨 꼭대기 스탠드에 앉아 매일같이 울었다는 나의 친구. 언제 그 친구와 그 돌계단 위에 다시 나란히 앉아, 태평양 너머 수평선을 바라볼 수 있는 날이 오기는 할까.

한국일보 (샌프란시스코 판/2022): "여성의 창"

** 나의 이 "선한 친구"가 지난해 2024년 12월 3일, 마침내 세상을 등졌다. 2020년 남편을 먼저 하늘나라로 보낸 후, 건강이 나빠져서 거의 2, 3년 동안은 아무도 못 만나고 누워 지냈고, 다른 성도들이 안 나오는 주중에 혼자 빈 교회로 헌금을 바치고 기도하러 가곤 했었다는 나의 친구, 마지막 1년은 병원(요양원)에서 지내다 홀로 떠난, 그 친구의 아름다운 노래를, 이제는 몬테레이 고등학교의 돌 층계가 아니라, 그보다 더 높고 빛나는 천상에서 들을 수 있기를 바란다.

13. 분수

　동부 올바니에 살 때 자주 찾았던 도서관이 있었다. 그 도서관 뜰 옆으로 큰 호수가 있었고, 그 호수 한가운데에는 조각품 같은 분수대 하나가 늘 외롭게 물줄기를 뿜어 올리고 있었다.
　가을이면 분수대 주변 건너편의 성성한 갈대숲이 바람에 쐐아 쐐아 휩쓸리곤 하던 그 도서관.
　붉은 벽돌 건물 아래로 빨간 샐비어가 눈물겨웠던 어느 가을, 분수대 호숫가 뜰에 잠시 와 앉았던 세 마리 캐나디안 철새가 어느 날 더 이상 보이지 않았고 문득 9월도 함께 떠나갔음을 깨닫고 쓸쓸함을 표현했던 시, '분수'를 소개한다.

9월은 그렇게,
도서관 앞 호숫가에 와 앉은
세 마리
캐나디안 거위와 함께
잠시 머물다 떠났다

이름 모를 나뭇잎 사이로
성성한 갈잎 줄기 사이로

빌딩 창문마다 번쩍이며
종일 일렁이다 떠난
9월의 빈자리

붉은 벽돌담
샐비어는 성긴
햇살을 움켜 안고
꺼이꺼이 울음을 토하는데

호수 한가운데
홀로 선 분수대는

저리도 하릴없이

물 위에
물을 뿜고 또 뿜는가

그러나 하릴없이 물위에 물을 뿜는 분수대에서 느꼈던, 삶의 덧

없음(fleeting life)은 거기서 그렇게 끝나 버리는 것은 아니다. 때가 되면 떠났던 철새는 또 다시 되돌아올 것이고, 성성한 갈대는 초록빛 새싹으로 다시 움을 틔워 낼 것이며 샐비어도 붉게 피어나 다시 한여름을 활활 태울 것이다.

그렇게 거듭 봄이 새 생명으로 태어나고 줄기찬 여름으로 머물다가 가을로 연소하고 겨울로 동면하는 삶은 눈물겹도록 아름답고 신비하게 이어 가는 우리 인생의 이야기이기도 하다.

또한 철새보다 갈대보다 그리고 어떤 꽃보다 귀한 우리 인간들에게 단 한 번 주어진 아름다운 삶은, 소중하게 아끼고 가꾸며 살아 볼 만하다고 분수는 그렇게 물위에 물을 뿜고 또 뿜으며 일깨워 주는 것이라고 믿고 싶다.

우크라이나 마리우폴(Mariupol) 스틸공장의 붕괴로 러시아의 포로가 된 우크라이나인 2,439명의 기약할 수 없는 생사와, 프렌치 노예 소유자들에게 바쳐야 했던 지속적인 보상으로 상상할 수 없는 열악한 삶 속에 던져진 하이티(Haiti)인들과, 최근 아프가니스탄을 뒤덮은 지진으로 1000명 이상의 생명들을 앗아 간 그 참담한 폐허의 곳곳에서 울려 퍼지는 저들의 통곡소리가 우리와 무관하다고 쉽게 간과해 버릴 수 있을까.

다 함께 서로 행복을 나누며 나만이 아닌 다른 이들의 안녕을 위해 나도 지구의 한 코너에서 그 분수처럼, 자신과 세상을 일깨우며 부단히 살아가고 싶다.

한국일보 (샌프란시스코 판/2022): "여성의 창"

제3장

마지와 프렌치(1)

아래 층에 사는 마지가 아직도 자기 방에서 24/7 돌보는 호스피스 간호사와 함께, 8주째 누워서 지낸다. 지난해 11월, 폐 기능이 악화되어 호스피스 병동으로 들어가게 되었다고, 친구와 콘도 이웃들에게, "이별(페어 웰)"의 이메일을 보내 와 우리를 놀라게 했던, 같은 콘도에 사는 마지의 이야기이다.

10년간의 샌프란시스코 시티의 삶을 뒤로하고, 6년 전 이곳 로스 알토스로 이사 왔을 때, 키가 훌쩍 크고 피부가 유난히 희었던, 마지와 그의 남편 프렌치가 우리를 반갑게 맞아 주었었다.

50여 년 몸 담고 살면서도 미처 몰랐던, 미국인들의 문화를 이번 마지의 호스피스의 삶을 통해 알게 되었을 뿐만 아니라 깨달은 점이 너무 많아 글로 남기고 싶었다. 우리 부부는 20대에 뉴욕 동북부 주립대학에서 만나 결혼을 하고 가정을 이루고 살다가, 40년이란 긴 동부의 삶을 뒤로하고, 2008년 은퇴 후 딸이 사는 서부로 옮겨 왔다.

샌프란시스코 시티에서의 콘도와는 다르게, 새로 이사 온 로스 알토스의 미니 콘도는 많은 적응이 필요했다. 당시 적지 않은 그 불편함들을 마지와 그네의 남편인 프렌치가 따뜻한 배려로 맞아 주었고, 미니 콘도의 어른으로 이것 저것 앞장서서 도와주었던 노 부부다. 그러다가 팬데믹을 맞게 되었고, 팬데믹이 시작되고 이태 후인, 어느 날 어깨에 등 브레이스(back brace)를 입고, 몰라보게 굽어진 자세로 집 앞길을 천천히 산보하는 두 분의 모습을 보고 많이 놀랐었다. 얼마 전까지도 줌바를 추었고, 한 주가 멀다 하고 친구들이 늘 그녀의 콘도 1층에 모여 북 클럽 등의 모임으로 활달하던 마지 부부. 두 해 만에 그렇게 노쇠해진 모습이 믿기지가 않았지만, 그 후 너나 없이 모두들 집안에 갇혀 지내면서 서로에게 관심을 줄 여유가 없는 팬데믹의 삶이 계속됐다.

그리고 11월 어느 날 갑작스레, 마지에게서 호스피스로 들어간다는 뉴스레터 이메일을 받은 것이다. 폐 기능이 나빠져서, 고강도의 산소통을 의존하지 않으면 호흡을 할 수 없게 되었다는 놀라운 뉴스였고, 호스피스 병동에 방이 없어, 호스피스의 침대를 콘도로 가져와, 24/7 간호사와 더불어 본인의 집에서 지내기 시작한다는 뉴스다.

처음 우리가 방문했을 때, 그녀의 딸 신디와 손자 브래드가 호스피스 간호사와 함께 노부부를 지키고 있었다. 그 와중에 이번엔 남편 프렌치가 넘어지면서, 왼쪽 어깨와 갈비 등을 크게 다쳐서 응급실로 실려 가게 되었다.

결국 96세의 남편 프렌치는 병원 응급실에 입원을 하고, 89세의 아내 마지는 집에서 호스피스 간호를 받으며 각각 따로 지내기 시작했다. 우리가 두 번째 방문했을 때엔, 프렌치는 응급실에 입원 상태여서, 마지 혼자만 딸 신디와 간호사의 보호를 받으며 누워 있었다. 산소 통을 침대 옆에 놓아 두고, 코에 긴 튜브를 낀 채, 마지가 여전히 활짝 웃으며 우리를 반겼다. 호스피스 간호사가 옆에서 지키고 있지 않았더라면, 누가 그녀를 죽음을 목전에 둔 호스피스 환자라고 상상이나 할까 싶은 환한 미소다.

낙상으로 남편 프렌치가 어깨와 갈비가 부러져, 응급실에 들어간 김에, 마침내 프렌치의 다리 통증의 원인 검사를 받게 되었다고, 불행 중 다행이라며 마지가 그렇게 기뻐한다.

한국인으로서는 쉽게 이해가 안 되는 이성적이며 낙관적인 그녀의 마음가짐에 감탄하는데, 우리에게 탁자 위를 가르치며, 초콜릿 중에 좋아하는 게 있으면 몇 개 가져가란다. 우리도 방금 초콜릿 두 상자를 들고 온 걸 모르는 게 분명했다. 다음에 또 방문하기로 하고 마지네 콘도를 나서는데, "초콜릿 몇 개 가져가라니까!" 마지가 손을 흔들며, 탁자 위를 가리켰다.

마지와 프렌치(2)

 오늘 아침 아래층으로 내려가는데, 웬 청년이 마지네 콘도 유닛 1호 앞에서 굵은 구렁이 같은 고무 석션(suction)링을 현관 밖 포치까지 길게 늘어뜨린 채 요란하게 청소기를 틀어 놓고 베큠(vacume)을 하고 있다. "?" 가슴이 철렁 내려앉았다. 지난 주일 오후 집으로 돌아오는 길에, 잠시 마지네 집에 들어가 '안부'를 물으며 이런저런 대화를 나누었었다. 이제는 자신이 언제 갈지 결정해야 할 단계라며, 마지가 자신의 죽음은 정해진 일이고, 현재 그냥 강도 높은 산소 공급으로 생명을 연장하고 있을 뿐이라고 말했던 생각이 난다. "프렌치도 성하지 못한데, 그냥 당신이 떠나면, 어떻게 해요?" 내가 딱히 할 말이 없어서 "서두를 것 없지 않느냐고" 위로라고 주고 받았던 것이 불과 며칠 전이다.
 혹시 "?" 싶었지만, 베큠을 하고 있는 청년에게 "마지에게 무슨 일이 생겼느냐?" 차마 묻지를 못하고, 현관 앞을 떠나지 못하고 서성거렸다. 청년은 여전히 집 안으로 온몸을 들이민 채 열심히 베큠에 정신을 쏟고 있다. 내가 옆으로 다가섰다가 뒤쪽에서 어정거리는 걸 느끼지도 못한다.

혈액검사를 받으러 가려고, 밖에서 이미 차를 빼고 기다리는 남편을 의식하고 나중에 소식을 들어야지 싶어, 그냥 현관을 나섰다. 오후에 혈액검사를 마치고 돌아오는 길에, 용기를 내어 마지의 도어 벨(bell)을 눌렀다. 초조한 마음으로 기다리는데, 안에서 인기척이 나더니, 호스피스 간호사가 빠끔히 도어를 열었다. "마지 오늘 좀 어떠신가요?" 하고 물었더니, 뜻밖에 안에서, "누구예요?" 하는 마지의 목소리가 들린다. "2층의 킴이에요." 했더니, '들어오랜다'며 간호사가 문을 활짝 열어 준다. 반가워서 부츠를 벗고, 안으로 들어섰다. 아침의 베큠으로 아직도 축축한 카펫의 습기가 발바닥을 축축하게 적신다. 이 와중에, 아침 내내 그렇게 요란한 소리를 내며 긴 호스를 현관 문 밖까지 늘어 뜨린 채, 사람을 놀라게 하던 카펫 클리닝도, 확실히 미국인 마지답다.

오늘 보는 간호사는 낯이 설다. 우리가 몇 번 만났던, 다니엘도 아니고, 데니스도 아닌, 필리핀게 중년 여자다. 그네를 따라 들어서니, 놀랍게도 좁은 호스피스 침대에 마지와 프렌치가 나란히 함께 누워 있는 게 아닌가! 프렌치는 전에 비해 많이 야위었지만 미국인 체격으로도 큰 체격들인데, 그 좁은 침대에 둘이 몸을 꼭 붙이고 함께 누워 있다. "두 분이 좋은 시간 갖고 있는데, 방해하는 거 아닌가요?"라는 나의 말에, "오랜만에 이렇게 함께 누워 보는 거예요." 마지가 환히 웃으며 대꾸하고, 프렌치는 말없이 조용히 웃었다. "66년간의 행복한 결혼 생활이었어요." 마지가 24세 때, 프렌치가 31

세 때, 두 사람이 만나서 결혼을 했고, 마지의 딸 신디는 몇 년 전 남동생이 세상을 뜬 후, 유일하게 남은 딸이다. 지난번에는 소파에 두 노인이 꼭 붙어 앉아서 식사를 하더니, 오늘은 점차 다가오는 이별의 아쉬움을 나누고 있는 것일까.

프렌치와 함께 있어서인지, 마지가 오늘은 언제 세상 떠날 날짜를 결정해야 한다는 말은 하지 않는다. 마지가, 자기는 숨이 차지만 고통은 며칠 전에 낙상한 프렌치가 더 심하다고 말한다. 검버섯으로 가득 찬 프렌치의 메마른 손이 힘없이 두 사람 사이에 놓여 있다. 그의 손등에 손을 얹어 보니 차디차다. "내 손이 차지요?" 프렌치가 힘없는 목소리로 말한다. "좀 그렇네요." 그의 찬 손을 두 손으로 감싸 쥐고 조심스레 쓰다듬기 시작하니, 조금씩 온기가 돌아오는 것 같다. "신디는 어디 갔나요?" 남편이 물으니, "보이프렌드하고 스키 타러 갔어요" 한다. 신디도 아들이 있는데, 보이프렌드 언급을 하니, 독신인가 보다. 마지와 프렌치에게 유일하게 있는 딸 신디와 손자다. 50대의 홀어머니인데, 보이프렌드와 스키를 타러 갔다니, 그나마 다행이다. 언제든지 도움이 필요하면 우리에게 전화하라고, 둘만의 시간을 방해하는 것 같아, 마지와 프렌치 부부를 침대에 남겨 두고, 마지네 집에서 떠나 왔다.

마지와 프렌치(3)

"프렌치가 생일 파티를 원해요." 지난 주 초에 날아온 마지의 이메일 뉴스다. 3월 28일 목요일이 프렌치의 97세 생일이란다. 그 이삼 일 전인가, 마지의 딸 신디와 복도에서 만났을 때, "오늘이 엄마의 생일이에요."라고 들었던 것으로 기억하는데, 그럼 두 내외의 생일이 며칠 사이 간격인가 보다. 어쨌든 당장 내가 이메일을 보냈다. "프렌치 생일 파티에 참석 조건이 있나요?" 내 질문에, "남편 생일 파티 초대 리스트가 있어요, 꼭 참석하고 싶으면, 파티가 끝나 갈 무렵인 4시경에 오세요." 마지의 답장이다.

목요일 4시경 아래층 마지네로 내려갔다. 문 앞에서부터 사람들의 웅성거리는 소음이 들려 나오고, 앞 도어가 빠끔히 열려 있어 노크를 하고 들어서니, 마지가 침대에 누운 채로 눈으로 맞는다. "파티가 끝나 가는 줄 알았는데…" 하니까, 안쪽 복도에서 신디가 나오며, "파티가 진행 중이에요, 안쪽 방으로 들어오세요." 한다. 마지가 누워 있는 침 대 옆 식탁 위에 들고 간 백합꽃 화병을 내려놓고, 신디를 따라 안쪽 방으로 들어갔다. 우리가 남편의 서재로 쓰는 방과 똑같은 두 번째 방인데, 20여 명의 남녀 노인들이 더러는 소파에 더러는 창문 밖 데크에 모여 있다. '버스데이 보이' 장본인 프렌치는 꼬깔 모양의 생일 모자를 쓰고 창가 소파에 앉아 있다가 우리를 보고 그분 특유의 잔잔한 미소를 보내 왔다.

마지가, "No 선물, No 카드 플리즈!"라는 이메일을 보내 와서 우리는 부활절 시즌이라 백합꽃만 들고 갔는데, 창가 작은 캐비넷 위에 선물 패키지들이 쌓여 있다.

회장처럼 보이는 여자 분이 우리에게 손짓을 하며, 사람들에게 소개한다고, 우리의 이름을 물었다. 간단히 이름을 소개하고, 그다음으로 늘 궁금해할 우리들의 국적을 밝혔다. "우리는 한국, 서울 코리아에서 왔습니다." 중간쯤 소파에 앉아 있던 남자가, "안녕하세요?" 인사를 한다. '폴'이라는 그 남자는 곧 소파에서 일어나오더니, 우리를 다음 방 화장실 근처의 공간으로 앞장서서 안내한다.

폴은 1969년 일 년간 한국에서 군복무를 한 경험이 있는데, 일 년 머무는 동안 한국에서 '스피킹 코리안' 학원을 다녔다고 한다. 그래서인지 간단한 한국용어를 제법 재미있게 구사한다.

게다가, 부인인 '앤'은 우리가 29년간 살아온 버팔로 출신이란다. 프렌치의 생일에 참가한다고 왔다가, 뜻밖에 만나게 된 폴과 앤. 그가 자기의 카드를 건네주었다. 나도 버팔로 이야기가 많이 나오는, 내 '메모아' 한 권을 선물하려고, 2층으로 올라가는데, 마지가 나를 불렀다. 내가 2층으로, 내 "메모아"를 가지러 간다니까, 그녀의 북클럽 멤버 중에서 몇 분이 내 책을 사고 싶다고 한다. 내가 저자 가격으로 좀 사 놓았다고 했더니, 환하게 웃으며 저렴한 저자 가격으로 살 수 있으면 더 좋다고 몇 권을 가져다 달란다.

내 메모아 몇 권을 가져와서, 폴과 그 친구 두어 분에게 주고, 나머지 한 권이 남았는데, 마지가 지난번 자기에게 주었던 책을 다른 친구에게 주고 없다며, 그 책을 자기에게 줄 수 있냐고 묻는다. 호스피스 침대 위에서 남편에게 밤마다 내 책을 읽어 준다는 마지. "딱 한 가지, 너희 가족 이름들이 너무 정신 없어, 대중들이 쉽게 읽게 하려면, 이름 표기를 고칠 수 없을까?" 벌써 두 번째 듣는 그네의 조언이다.

어쩌면 마지막이 될지도 모르는 프렌치의 97번째 생일 파티가, 난데없이 코리안 아메리칸인 나의 '메모아' 이야기로 바뀌었다. 너무도 다른 삶을 살고 있는 손주들에게, 전쟁을 겪은 '나나'의 삶이 어떠했는지를 알려 주려고, 어쭙잖은 영어로 쓰게 되었던 나의 '메모아'를, 스탠포드 출신 마지가 호스피스 침대에서 저녁마다 남편에게 읽어 주고 있다니, 가슴이 뭉클했다.

마지와 프렌치(4)

LA에서 돌아온 다음 날, 월요일 1시 반에 마지네 콘도로 내려갔다. 이번엔 정식으로, 1시 반부터 4시경까지 마지의 부탁을 받고 온 방문이다. 신디가 아버지 프렌치를 데리고 병원에 가는 동안 함께 있어 줄 사람이 필요해서다. 친구는 많지만, 2층에 사는 너희에게 부탁을 한다며 괜찮은지 물었다. 신디가 아버지를 모시고, 그의 오른쪽 다리 통증의 원인을 알아보려고 의사를 만나러 가는 날이란다. 지난번 방문 때에도 호스피스 환자인 마지보다 소파에 비스듬히 옆으로 웅크리고 앉아 있던, 프렌치가 더 고통스러워 보였었다. 우리에게, "너무 추워!"라고 하면서, 자기의 겉옷을 열어 보이며, 스웨터를 입었는데도… 힘없이 호소하던 프렌치다. 똑바로 앉지도 못하고 옆으로 비스듬히 기대듯이 소파의 한쪽으로 기대 앉았던 프렌치. 슬쩍 건드리기만 해도 옆으로 쓰러질 것 같은 연약하기 이를 데 없는 모습이었다.

마지네로 들어서니, 마지가 오늘은 침대에 누워 있지 않고, 둥근 식탁에 내려와 앉아 있다. 얼굴은 여전히 좀 부어 보였지만, 지난번 왔을 때, 핏자국이 보이던 코끝 주변이 오늘은 깨끗하다. 3개월이 넘도록 폐로 연결하는 두개의 호스를 코에 끼고 있느라 상처도 날 만하겠지 싶었다. 유난히 흰 피부에 훤칠한 체격이라 호스피스 환자로 3개월째 누워 지내는 사람 같지가 않다. 난데없이 마지가 내게 식탁 위에 놓여 있는 책들을 가리키더니, 내 메모아 책을 가리키며 건네 달랜다. 그러면서 로스 알토스의 린덴 트리 책방에 가져가면 팔 수 있을 텐데 하기에… 내 책은 아마존에서만 독점적으로 판매하게 되어 있는 아마존 출판 책이라고 간단히 설명했다. 내 가족 외에 누구보다도 내 책에 관심을 보여 주는 호스피스 환자 마지다.

그러던 중 신디에게서 전화가 왔는데, 오늘 아침 8시 반에 병원에 도착한 후, 3시가 넘은 지금까지 7시간 동안 아직도 의사를 못 만나고 있단다. 교통사고로 온몸의 뼈가 부러진 응급환자가 앰불런스에 실려 와, 엑스레이를 32장이나 몇 시간째 찍고 있어서 차례가 미루어지고 있단다. 마지가 전화를 켜 놓은 채, 딸 신디의 보고를 듣기 위해 컴퓨터를 켜 놓고 기다리고 있는 모양이다. "내가 지금 50대라면 폐(lung) 이식수술을 고려해 볼 수도 있겠지만, 내 나이 지금 89세, 곧 90이야!" 마지가 말한다. 숨이 차서 입을 다물지 못한 채, 마지가 의사와 신디와 남편, 세 사람의 대화를 동시에 들으며, 필요한 정보들을 컴퓨터에 기록하고 있는 상황이 믿기지가 않는다. 방금 의사와 회의(컨퍼런스)가 끝나서, "이제 곧 떠난다고 하니, 많이 안 기다려도 돼. 반 시간 정도 지나면 도착할 거야!" 그 경황에 우리에게 기다리게 해서 미안하다고 인사를 차리는 마지.

90을 며칠 앞둔 호스피스 환자인 마지를 통해 너무 배우는 바가 많다. 죽음에 대한 이지적인 태도며 끝까지 자기 부부의 상황을 직접 처리해 나가는 태도가 우리 한국인과 달라도 너무 다르다. 예외 없이 누구나 다 거쳐 가야 할 인생의 종말에 이를 것을 알면서도, 정작 죽음에 임박했을 때, 의연하게 죽음을 맞이하기가 쉽지 않다. 그래서 우리는 정신이 있을 때라면 상상하지 않았을, 민망한 마지막 모습을 보이며 떠나는 사람들을 더 보기도 한다.
　마지의 모습을 보며, 스스로의 종말을 목전에 두었을 때, 뒤에 살아 남게 될 배우자를 위해, 필요한 정보들을 컴퓨터에 기록해 놓는 의연함을 지닐 수 있을까 생각해 보았다. 머지않아 자신의 삶을 정리해야 하는 당사자 마지가, 혼자 살아 갈 남편 프렌치의 골반 수술을 집도할 유능한 의사를 찾으려고, 며칠째 호스피스 침대에서 수많은 의사들의 경력을 조사하며 계획했다는 얘기를 나중에 들었다. 마지라는 존재가 나에게 큰 과제처럼 다가오는 요즘이다.

마지와 프렌치(5)

프렌치의 97세 생일 파티 이후, 조용한 며칠이 지났다. 파티에서 짧지 않은 시간을 소파에 앉아 힘들게 버텨 낸 프렌치는 물론, 파티가 진행되는 동안 같은 방안에 섞이지도 못하고 옆방, 호스피스 침대에 누워 지내야 했던 마지도 적잖이 지쳤을 터. 조용한 아래층으로 자꾸 신경이 쓰인다. 이제는 지난 달과 같이 아무 때나 노크를 하고 방문을 할 시기가 지났음을 느낀다. 마지는 점점 얼굴에 붓기가 돌기 시작하고, 파티를 하던 날도, 다리 아래에 베개를 넣어 무릎을 세우고 있었는데, 양말도 신지 않은 노출된 두 발이 퉁퉁 부어 있었다. 예전 것보다 훨씬 큰 새 산소 실린다를 가져다 놓은 지도 꽤 지났고, 이제 호스피스 침대에 누워 지내기 시작한 것도 5개월이 지났다.

그런데 갑자기 마지에게서, 수요일(4/3) 아침에 메시지가 날아왔다. "내일 목요일(4/4) 오후 4시에 잠시 너희 둘이 좀 내려와 줄 수 있는지, 프렌치의 신원(아이덴티티)을 증명해 줄 두 증인이 필요하다"는 내용이다. 고령의 프렌치가 이제는 자동차 면허증도 없고, 여권도 없어 아이디가 없는 상태라, 변호사와의 필요한 법적 절차에,

프렌치가 프렌치라는 증명을 해 줄 보증인 두 사람이 필요하단다.

4시에 둘이 아래층으로 내려가니, 마지가 침대에서 내려와 식탁에 앉아 있다. 맞은 편에 40대의 여자가 앉아 있는데, 아마 변호사인가 보다. 신디가 안에서 허둥지둥 나와 두 사람 중간에 앉고, 프렌치가 워커를 짚으며 안쪽 방에서 천천히 식탁으로 다가왔다. 우리가 변호사의 지시대로 아이디를 보여 주고, 필요한 서류에 각각 서명을 하는 절차인데, 우리가 서류들에 서명을 끝냈을 즈음에야, 한참이나 걸려 프렌치가 힘겹게 빈 의자로 와서 앉았다. 이제 우리의 할 일은 끝난 것 같다. 아마 공증인을 하고 유언장을 작성하는데 필요한 증인의 역할인 것 같다.

이제는 언제 또 다시 마지와 프렌치를 만나러 오게 될지 알 수 없는 시점이라, 내가 용기를 내어 마지에게 우리와 함께 사진 한 장 찍어 줄 수 있겠느냐 물었다. "슈어!" 흔쾌히 대답하며, 마지가 코에 낀 호스를 빼더니, 고무 호수가 주렁주렁 매달린 손을 들어 올려 자신의 백발 머리를 매만졌다. "마지, 당신은 늘 아름다워요!" 이 말이, 내가 마지와 나눈 마지막 대화가 될 줄 그 때는 알지 못했다.

마지와의 마지막 사진(남편 프렌치와 딸 신디)

마지와 프렌치(6)

4월 6일, 어제 저녁에 마지의 새 이메일 소식이 날아왔다. 7일 새벽 4시로 산소 실린다(compressor) 머신이 더 이상 산소를 만들 수 없게 될 거라는 놀라운 소식이다. 맨 처음 우리가 방문했을 때, 원형모양의 산소 실린다 하나가 머리 맡에 놓여 있었는데, 그 후에 갔을 땐, 두 개의 큰 스퀘어 실린다가 추가되어 있었다. 최근엔 세 개의 산소 실린다들이 윙윙 소리를 내며 마지의 호흡을 돕고 있었는데, 그 실린다들이 더 이상 산소를 만들 수 없다는 말인가. 그러나, 바로 4/8이 지난해 작고한 자기 여동생의 기일이라며, 같은 날에는 가고 싶지 않다는 마지의 새로운 뉴스다.

다른 산소 실린다를 새로 또 구입할 수 없느냐고, 무식하면 용감하다고, 내가 당장 이메일을 보냈다. 그리고 기다리고 있는데, 마지에게서 방금 새 정보(인포메이션)가 왔다면서, 더 큰 실린다가 있다는 걸 발견했다는 뉴스다. 그래서 더 많은 양의 산소를 만들 수 있으리라는 답신이 날아왔다.

나는 물론이고, 누가 보아도 지금 프렌치의 상황이 너무 안 좋고, 마지의 정신력이 아직은 세상을 버리기엔 너무도 정정하고 명석하다. 웬만한 젊은 사람들보다 몇 배 더 명석한 것 같다. 몇 개월째 호스피스 침대에 누워서, 자기는 숨은 차지만 통증은 없다면서, 한사코 97세 남편을 염려하고 있는 마지이다.

아직 호스피스에서도 자기를 포기하지 않은 것 같다며, 남의 이야기 하듯, '기다려 볼 일이야(let's wait and see!)'라며 두고 보자고 또 환히 웃는다.

"도움은 더 이상 필요 없어요"라고, 뉴스로 온 이메일 옆 괄호 안에 (?)이 따라왔다. 이메일은 보내도 된다는 뜻이다.

그래서, "오늘은 좀 어떠세요, 궁금해서 문자 보냅니다." 오후에 집을 나서면서 내가 이메일을 보냈다. 요즘 우리의 관심은 온통 아래층의 마지와 프렌치에게 쏠려 있다.

마지와 프렌치(7)

프렌치가 프렌치임을 증명하는 서명을 하고 온 후, 4일이 지난 8일 오후 마지에게서 또 이메일 뉴스레터가 떴다. 간단했지만 가슴이 내려앉는, 뉴스레터 전문(한국어로 번역)이다.

친애하는 친구와 가족들에게;

몇 달 동안 여러가지 일들을 정돈했고, 프렌치의 생일잔치 등, 여러분들의 수많은 사랑의 방문과 위로에도 불구하고, 제 상황의 파도가 갑자기 방향을 바꾸었습니다.

최근 저의 에너지 레벨이 급격히 낮아졌습니다. 이제는 더 이상 침대에서 몸을 움직이기조차 힘에 벅찹니다. 그래서 마침내, 약으로 제 생을 마감하려고 결정했습니다. 사실은 4월 14일로 마지막 날짜를 결정했었는데, 어제 다시 내일 4월 9일로 날짜를 당겼습니다. 14일은 너무 힘이 벅차고 아득하게 느껴져서요.

지난 2023년 11월 1일 이후의, 우리 가족에게 주어진 엑스트라 5개월의 아름다운 삶을 감사하며, 사랑의 "이별 편지(페어 웰)"로 인사를 대신합니다.

마지 드림.

남편의 이메일 주소로만 날아와서, 포워드를 시켜 받아 읽은 마지의 마지막 뉴스레터다. 예상은 하고 있었지만, 너무 갑작스럽다. 마음을 가라 앉힐 수가 없어, 늦은 시간에 어두운 메인스트리트로 나섰다. 걸음을 멈추고 메인스트리트 포디움 앞 등불 밑에서 전화를 열고, 마지에게서 온 뉴스레터로 답을 보냈다.

"내일 마지막으로, '작별인사(Fare well)'를 하러 가고 싶은데, 가능한가요?"

메일을 보내고 나니 좀 마음이 가라앉는다. 메인스트리트와 스테이트 스트리트를 빙 돌아서 쌀쌀한 밤공기를 맞으며 집으로 돌아왔다. 밤에 남편이 타이레놀 한 알을 건네줘서 먹고 누웠는데, 쉽게 잠이 안 온다. '내가 믿음이 없어서, 이런가!' 자신의 죽음을 담담하게 이지적으로 받아들이며, 97세 남편 프렌치의 다리 통증을 염려하며 두 달 후 수술 날짜까지 잡아 놓은 마지의 사랑과 그 믿음!

아침에 일어나자마자, 남편이 나의 전화에서 메일을 체크 하더니, 답이 안 왔단다.

조용히 가족끼리 임종을 하고 싶기도 하겠지… 나는 가족도 아니고, 단지 콘도 메이트일 뿐인데, 하고 마음을 달랬다.

그리고 오후에, 아래층 현관에서 신디와 마주쳤다. "엄마가 어제 밤에 세상을 떠났어요." 미처 내가 묻기도 전에 신디가 한 말이다.

"아니, 오늘이 아니었나요?" 나의 물음에, "어제 오후, 엄마의 상태가 급격히 나빠져서, 급히 의사를 불러, 어젯밤에 가셨어요."

그런 줄도 모르고 어제 오늘 종일 마음을 졸였었는데, 인생은 오늘만 확실하다.

"너희 가족 미들 네임이 다 같아서, 한국인이 아닌 독자들에겐 너무 혼란스러워. 다른 방법이 없을까?", 호스피스 침대 위에 누워서, 내 메모아 걱정을 해 주던 마지는 어제까지였고, 나의 오늘 속에 마지는 더 이상 존재하지 않는다.

** 마지와 프렌치 후기(Postscript)

마지가 잡아 놓았던 6월 3일, 프렌치의 힙 조인트 수술(Hip arthroplasty)이 잘 끝났다. 종종 산 안토니오 길 방향으로, 혹은 웨스트 이딧 스트리트 쪽으로 호스피스 간호사 데니스와 함께 워커를 짚고 걷고 있는 프렌치를 보곤 한다. 프렌치가 워커를 의지하고 데니스와 함께 산 안토니오 길까지 걸어가는 게 기적 같다. 교통신호가 빨간 불로 바뀌어 우리가 차를 멈추고, 차창을 내리며 프렌치에게 "하이"라고 큰 소리로 인사를 하자, 프렌치가 우리를 향해 웃으며 알은 체를 한다. 아내 마지의 호스피스 침대 옆 소파에 빨래처럼 구겨져 앉아 있던 몇 달 전의, 그 프렌치가 아니다. 척추까지 곧바로 세워졌는지, 키도 훌쩍 커 보인다. 웃음을 지으며, "통증이 없어졌어(I'm pain free)!"라고 말하는 프렌치! 남편의 수술 날짜를 잡아 주고 떠난 마지가 천상에서 얼마나 기뻐할까. 신호가 바뀌어, 프렌치를 향해 팔을 흔들며 우리도 가던 길을 향해 차를 몰았다.

살아 있다는 것은 축복이다. 누구나 다 죽음을 향해 일방통행을 할 수밖에 없는 것이 인생이지만, 그래서 "살아 있음"은 더욱 아름답고 귀한 것. 아내를 먼저 저 세상으로 보내고도 97세의 프렌치가, 매일 저렇게 걸음 걷기에 열심인 이유도, 그 "축복"을 아끼며 즐기는 까닭이 아닐까.

제4장

1. "당신은 싫어하는 게 너무 많은 사람"

며칠 전, 어떤 분으로부터 지적당한 말이다. 틀린 말이 아닌데도, 그 이후 내내 마음 속 밑바닥에 남아 사라지질 않는다.

그 일은 비교적 가깝게 지내 오던 세 부부가 한국식당에서 식사를 한 날에 일어났던 일. 앉은 좌석 탓인지, 옆으로 나란히 앉았던 그중 젊은 그분 내외와 별로 대화를 나누지 못한 채, 커피 숍으로 가기 위해 식당을 나왔다. 앞에서 두 내외가 걸어가는데, 여자 분의 옷차림이 눈에 띄었다. 특히 통바지 스타일의 하얀 면 바지가 상큼하니 귀엽다. 상의는 요즘 유행하는 소매가 풍성한 날개형의 면 블라우스인데, 그 위에 몸체에 꼭 끼는 엷은 베이지 색 베스트를 걸쳤다. 내가 옆으로 다가서며 무심히, "바지와 블라우스가 너무 예쁜데, 조끼를 안 입으면 더 시원해 보일 것 같아요." 칭찬이라고 한 말인데, "미세스 강은 싫어하는 게 너무 많아요." 젊은 여자가 걸음을 멈추며 내게 내뱉은 말이다.

뜻밖의 반응에 놀라서, 그녀의 얼굴을 마주보았다. "기분 나빴어요? 난 블라우스가 흰 바지와 너무 잘 어울려서 칭찬으로 한 말인데…"

"식당에서도 미세스 강은 싫어하는 게 너무 많더라구요." 그녀가 한 수 더 떴다. 대꾸할 말이 궁해서, "하하, 제가 싫어하는 게 많긴 해요. 미안!!" 그날 얼결에 그렇게 대답은 했지만 너무 의외의 반응에 놀랍고 당황해서, 주차장으로 향하는 그 내외로부터 떨어져 걸음을 멈춰 섰었다.

생각해 보니, 스스로 돌아봐도 내가 좀 싫어하는 게 많은 까다로운 성품이긴 하다.

예를 들자면, 나이가 한참 드신 노인들이 허연 머리를 등 아래까지 길게 늘어뜨린 모습이나, 또 나이와 몸매에 상관없이, 트레이닝 반바지를 찢어지도록 꽉 껴입고 보란듯이 거리를 활보하는 여자들, 게다가 요즘은 또 너나 없이 배꼽을 드러내 놓은 유행 등이다. 나이가 들면서 귀가 약해졌는지 요즘은 몇 가지가 더 늘었다. 식당에서, 깜짝 놀랄 정도로 바로 옆 자리에서 큰 목소리로 주고 받는 대화라든가, 식당 등 공공장소에서 목청껏 웃어 재끼는 사람들, 그리고 어디선가 언급했지만 도서관에서 무릎을 맞대고 끝도 없이 대화를 이어 가는 젊은이들이다.

그리고, 언젠가 한동안 중계되었던 올림픽 선수들 중, 운동을 하러 나왔는지 패션쇼를 하러 나왔는지 알 수 없게, 시커먼 마스카라를 눈에 붙이고, 옆의 다른 선수가 혹시라도 다칠까 두려울 정도로 길게 번쩍이는 날카로운 인조 손톱 등등, 실제로 나와 아무런 상관이 없는 하찮은 일들이, 모두 신경에 거슬린다. 다른 사람들에겐 원

만하게 다 쉽게 넘어가는 일들이 왜 나에겐 눈에도 걸리고 목에도 걸리고, 그렇게 겹겹이 쌓이는지, 생각하면 한심하기 그지없다. 그래서인지, 남들보다 스트레스 레벨도 높은 것 같고 늘 혼자 속으로 부대낌을 삭이느라 힘의 소모도 많다.

그날, 지적을 당한 스트레스가 내 얼굴에 고스란히 나타났을 것 같아, 쉽지 않았고 무엇보다 그날 식사에 초대했던 친구 부부에게 너무 죄송했다. 다들 일어나 후식을 하려고 길 건너 '허니 베리(꿀 딸기?)' 빙수 집으로 자리를 옮기는데, 아무렇지도 않은 듯이 다시 그 내외와 대면하고 앉아 함께 시간을 보내야 할 일이 만만치 않다.

나에게, "싫어하는 게 너무 많다"고 당돌하게 지적했던 그 당사자도, 계속 나와 대면해서 시간을 보낼 일이 괴로울까, 아니면 그분은 나처럼 싫어하는 게 많지 않은 너그러운 성품이라, 그냥 허허 한 순간의 하찮은 해프닝으로 이미 잊힌 일일까. 내 속에서 아직도 가라앉지 않고, 나를 불편하게 하는 미련한 아우성이다.

** 남편이 교회 일은 좋은 이야기가 아니면 글로 쓰지 말라고 했지만, 이제는 다 소화된 오래전의 이야기이기도 하고 내 삶의 흔적이기도 해서, 담담한 마음으로 양해를 구하며 쓴 다음의 몇 글이다.

2. 바자와 도토리묵

바자가 끝났다. 양과자, 김치, 왕만두, 모찌, 김밥, 빈대떡, 파전, 불고기 그리고 문제의 청포묵과 도토리묵 등의 품목을 만들어, $3000의 이익을 냈다. 잘 된 바자인데 너무도 기분이 씁쓸하다. 거의 모든 품목을 할 때마다, 다 나와서 열심히 하느라고 했는데, 문제의 김 집사가 내가 하는 일마다 일일이 트집을 잡더니, 드디어 나와 안 집사가 맡아서 하기로 했던 묵이 너무 되게 되었고, 게다가 도토리묵은 엉기지가 않아 다 버리게 됐다고 앙탈이다. 바자가 있었던 아침 교회로 가면서, 부디 아무 일 없이 하루를 지내게 되기를 기도까지 하며 떠났다.

게다가 오늘은 밸런타인데이인데, 더 마음이 무겁다. 작년까지만 해도 장미나 예쁜 카드를 받았었는데, 아침에 일어나 한동안 TV를 보면서도 아무 말도 없는 남편. 참다 못해 내가 먼저,"Happy Valentine's Day!" 했더니, 그제서야 "Same to you!" 한다. 목사가 되어도 재미있게 살고 싶다고 울먹이던 버팔로의 젊은 부목사 아내 에스더 사모 생각이 난다. 불과 11개월 만에 180도 달라진 나의 생활. 남편은 "소명감(Calling)"이 있어 보람도 있고 힘도 나겠지만, 갑작스레 25년 동안 자유롭게 내 비즈니스를 운영하던 삶에서 목사의 사모로 탈바꿈 하는 일이 쉬우리라 생각은 안 했지만, 이렇게 어렵고 황당할 줄은 상상도 못했다.

큰일을 척척 잘 해내는 김 집사! 한 가지라도 잘 배워서 다음부터는 좀 도움이 되려고 나름대로 열심히 그녀를 따라 했지만, 고쳐 가며 가르쳐 주지를 않고, 계속 아랫사람 부리듯 사사건건 타박이다. 나이도 한 살 아래인데, 살아오며 이렇게 당해 본 기억이 없어 불쾌하기가 상상을 한참 넘었다. 하나부터 열까지 그렇게 생색을 내며 사람 속을 뒤집는다.

사모가 될 즈음, 집안에 무슨 큰 벼슬이라도 생긴 듯, 오빠와 삼촌 등 원근 각지 어른들과 친척들로부터 날아온 충고들! 참고 참고 다시 또 한 번 더 참아야 한다는 말씀들인데, 귀에 멍이 들도록 들어 왔지만, 결국은 참을래야 참을 수 없는 한계에 다다른 것일까! 손에 들고 있던 밀가루 반죽을 빤질대는 김 집사의 얼굴에 철썩 올려 부치고 그 길로 휑 교회를 나와 버리고 싶은 걸 죽을 힘을 다해 참았던 것이 엊그제의 일이다.

첫 아침부터 그 김 집사의 얼굴을 또 마주칠 자신이 없어 걱정하고 있는데, 노회에 들려야 할 일이 있다 해서, 조금 늦어서야 교회에 도착했다. 친교실 안쪽에서 김 집사와 신 집사가 떡을 싸고 있다가 내가 들어가자 흘깃 쳐다본다.

"수고들 하시네요, 노회에 들를 일이 있어, 좀 늦었어요."

뭔지 모르게 신 집사의 조심하는 태도가, 내가 오기 전 벌써 무언가 한바탕 잔소리가 있었던 같다.

"도토리묵은 엉기지가 않아서, 참 아깝게 됐어요." 내가 말하니,

"밑졌지 뭐" 하고 김 집사가 심술궂은 얼굴을 휙 쳐들며 쇳소리를 낸다. 사실 나는 종일 모찌 만드는 안 집사 곁에서 방 집사와 나 전도사와 함께 도와주었을 뿐인데, 왜 그런지 꼭 내가 도토리묵 책임자가 된 듯, 잘못의 화살은 다 내게로 날아온다. 어찌 되었든 부글거리는 속을 꾹꾹 누르며, 묵을 봉지봉지 다 싸 놓고 부엌으로 들어와 버렸다.

벌써 10시가 되었는지 낯선 부부가 들어서며 음식들이 진열된 테이블 쪽으로 다가간다. "사모님! 묵 얼마 받아요?" 김 집사가 부엌 쪽으로 얼굴을 디밀며 큰 소리로 내게 묻는다. "3불 받기로 했잖아요?" 하니까, "밑지잖아요?" 하고 똑바로 내 얼굴을 쳐다본다. "지금, 그럼 어쩔까요?" 하고 나도 김 집사의 얼굴을 노려보았다. 견딜 수 없는 노여움이 뱃속에서 뜨겁게 치밀어 올라왔다. 저런 인간을 참아 내는 것이 목회란 말인가? 내가 이렇게 한 사람을 맹렬하게 싫어한 적이 있었던가 걱정될 만큼 순간 부르르 몸서리를 쳤던 기억이다.

이십여 년이 지났는데도, 아직도 "바자"라는 단어와 함께 생생하게 기억되는 한심한 나의 사모일지 하나다. 김 집사 그분도 지금은 동부 뉴저지 어디선가 남편과 함께 은퇴의 삶을 살고 있다는 소식을 들은 것 같다.

생각해 보면 아무것도 모르고 사모라는 직분에 겁부터 나서, 사 사건건 교인들에게 당한다는 피해의식 때문에 교회가 무엇을 하는 곳인지 큰 그림을 보지 못했던 스스로를 이제야 안타까운 마음으로 되돌아본다. 한편 김 집사 그분의 입장에선 내가 얼마나 속 터지고 답답한 사모였을지 늦어도 한참 늦은, 이제서야 깨닫고 있는 유감스런 추억이다.

3. 수요예배

　수요예배에서 있었던 일이다. 수요예배 때 돌아가며 집사님들의 공중기도를 드리는 시간이었다. 그 당시 2년 전에, 뉴욕시의 큰 한인 교회에서 올바니로 전근되어 온 P집사님이란 분이 기도를 하려고 자리에서 일어섰다. 뉴욕시에서 제일 큰 한인교회를 다니시던 분으로, 우리 교회의 이모저모를 늘 옛 큰 교회와 비교하며, 안타까워(?)하시던 집사다.

　그분의 기도가 시작되고 얼마 되지 않아, "?" 나는 내 귀를 의심했다. 그분이 특별히 내 이름을 대며 공중기도를 하고 있는 게 아닌가. 내용인 즉, 사모에게 "기도의 능력"을 주십사 간구를 드리는 기도였다. 아울러, 목사에게도 "영적능력"과 "말씀의 능력"을 주십사라고 쩡쩡 울리는 소리로 기도를 이어 갔다.

　공중기도에서 특정한 이름을 그렇게 내놓고, 기도의 능력을 주십사 하고 큰소리로 기도하는 것이 하도 뜻밖이고 민망해서 머리를 숙인 모든 교인들은 물론, 교회 본당 전체가 서서히 물 밑으로 잠겨 가는 듯한 느낌은 비단 나만의 것일까. 예배 전에 하나님께 중보기도로 간구할 만큼, 사모인 나의 공중 기도의 능력이 목회에 그렇게 중요한가에 대한 의문이 고개를 쳐들기 시작하면서, 아울러 내 이름을 놓고 하는 그분의 공중 기도가 독가스처럼 나의 가슴을 채워오기 시작했다.

당시, 우리 교회에선 수요예배 때마다, 특정한 집사님들이 돌아가며 공중기도를 하는 순서가 있었다. 그런데, 가끔 그날 기도를 맡은 집사님들 중에, 예배에 참석을 못하는 경우가 생기곤 했는데, 어느 날 찬양을 리드하던 집사님이, 졸지에 "오늘은 xx 집사님이 출석을 못해서, 대신 사모님께 기도를 부탁드립니다."라는 말로, 나를 질겁하게 만들었던 수요예배 기도였다. 아무런 준비도 없이 그냥 수요예배에 참석했다가, 갑작스레 공중 기도의 지적을 받고 도리 없이 일어서서 중얼중얼 공중기도를 할 수밖에 없었던, 지금 생각해도 진땀이 나는 수요예배의 기억이다.

그런데, 그 수요예배 때 갑작스레 지적당하는 나의 입장을 이해는 못 해 줄 망정, 지금 그 딱한 사모인 나를 놓고, 공중기도의 "능력"을 간구하고 있는 게 아닌가. 나는 실제로 호흡이 어려워져서, 숨을 들이쉬며 앞 의자 위에 머리를 얹었다. "바늘 방석"이란 표현이 꼭 그 순간을 놓고 만들어진 표현인가 싶을 정도로 온몸이 전기에라도 감전된 느낌이다. 나의 부족한 공중기도가 그분들의 중보기도로 인해 실제로 유창하게, 잘 할 수 있게 된다면 얼마나 좋을까 하는 생각도 스쳐 지나갔으나, 순간 내 처지가 어쩌다가 이렇게 되었나 싶은 암담한 느낌이 머릿속을 깜깜하게 채워 왔다. 더 나아가서 시도 때도 없이, 스쿼시 공처럼 사방 벽으로 이런 식으로 휘둘려 쳐짐을 당하는 존재가 사모의 위치인가 절망감에 빠졌었던 끔찍한 기억이다.

하나님이 보시면 그러한 내가 얼마나 한심하고 딱할까 부끄러운 마음도 들었고, 나의 약점을 그렇게 공중기도로 매도한 박 집사의 기도가 정말로 올바른 마음에서 나온 것인가를 꼬집고 싶은 분노로 치닫기 시작하면서, 참담한 마음으로 시작했던 잊지 못할 그 수요예배 때의 나의 울부짖음.

"하나님 아버지, 저에게 기도의 능력을 내려 주세요. 제직들이 공중에서 나를 놓고 저런 중보기도를 해서야 되겠습니까. 저는 그래도 하나님께 기쁨이 되고 싶은데, 교회에 누가 되어서야 어떻게 하나님께 기쁨을 드리겠습니까. 저를 도와주세요. 아니면, 저를 이 숨막히는 곳에서 건져 내 주세요."

그날 처음으로 시작된 나의 애처로운 기도였다.

4. "아멘" 남발

　내가 불편해하고 견디기 어려워하는 것이 한 가지 또 있다. 교회와 예배에 관한 일이라 웬만하면 넘어가려고 하던 일인데, 속 시원하게 털어 놓는다.
　다름이 아니고, 예배 중에 시도 때도 가리지 않고 남발하는 "아멘!" 교인이다. 혹시라도 기독교인이 아닌 분이 이 글을 읽게 되는 경우라면, 기독교인으로서 교회 내의 일을 지적하는 양태라 민망한 일이고, 기독교인들 사이에서도 어떻게 받아들여질지 솔직히 난감한 이야기임을 인정한다.
　우리는 은퇴 16년째를 바라보는지라, 등록교회 담임목사님의 양해하에, 찬양과 예배가 은혜스러운 친지분들의 다른 교회에도 가끔 참석하는데, 교회마다 한가지 고질(?)이랄까, 시도 때도 가리지 않고 남발하는 "아멘" 교인이 있다.
　특정 교회의 그분은 교회 본당의 맨 앞줄 오른편에 자리를 잡고 앉으신 것 같다. 그리곤 적당한 간격을 두고, "아멘"을 찬송가 뒤에 따라붙는 후렴처럼 복창을 하는데, 때로는 성별까지 모호해지는 묘한 음성으로 억양까지 바꾸며, 첫 '아' 단어에 곱으로 힘까지 실어서

우렁차게 "아멘"을 연발한다.

"아멘" 의 의미는 '신뢰하다', '믿다'라는 동사에서 나온 말로서, 이 단어의 본래 뜻은 '진실로', '참으로'라는 감탄의 말이라고 설명된 것을 읽었다. 본래는 유대교의 회당에서 사용했으나 초대 기독교에서 받아들여 기도 송영의 마지막에 쓰였다(고전 14:16).

부언하면, "아멘"은 하나님께만 쓰는 말로써 그 뜻이 너무 귀하고 인간의 말로써 해석할 수 없는 깊은 뜻이 있어 세계 각국에서 이 단어는 원어만 쓰도록 통일되어 있다.

"아멘"의 구약의 뜻은

첫째는 '그렇게 될지어다', '말씀대로 그대로 이루어지이다'. 즉 하나님의 말씀이 내게 그대로 이루어지기를 다짐하는 뜻이다(왕상 1:36, 렘 28:6).

둘째는 언약의 성취에 대한 순종을 다짐하는 말이다. 즉 율법에 대한 백성들의 동의와 맹세, 서약을 의미했다. 하나님의 말씀이 나를 통하여 이루어져 하나님께 영광을 돌리려는 간절한 나의 소원을 뜻한다.

셋째는 예배 인도 시 기도, 찬양, 설교자의 말씀에 "아멘"으로 화답함으로 하나님께 영광을 돌렸다(신 27:15, 느 5:13, 왕상 1:36, 대상 16:36).

신약의 경우는 구약의 뜻을 그대로 따르면서 기도와 찬양 말씀을 들을 때 "아멘"으로 영의 양식을 먹었다(롬 1:25, 갈 6:18, 유 25).

나는 이 특정인의 "아멘"의 남발이 너무 예배에 방해가 되고 거슬려서, 다른 교인들에겐 어떻게 받아들여지는지, 한발 더 나아가 설교하시는 목사님은 어떻게 생각하시나 궁금한 생각까지 들기 시작했다.

"아멘" 복창을 언급하다 보니, 은퇴 전에 있었던 어떤 여름, 재미한인 장로교회 협의회 총회 참석차 한국 방문 때의 일이 떠오른다. 그날은 소망교회의 K 목사님의 설교가 있던 날인데, 수많은 목회자들로 꽉 찬 교회당 앞 부분 중앙 자리에 앉았던 한 여성 목회자가, 설교 중에 몇 마디가 끝날 때마다, 높고 큰 목소리로 "아멘"을 복창하는 게 아닌가!

나는 그때도 귀에 거슬려 참을 수 없는 지경에 이를 즈음이었는데, 설교를 하시던 K 목사님이 마이크를 손으로 덮으시며 갑자기 설교를 그치셨다. 그리고는 그 여자 목회자를 향해, "그 아멘 소리 좀 그쳐 주세요, 예배에 방해되는 거 모르세요? 예배 중에 '아멘, 아멘!' 하는 거 다른 교인들에게 방해됩니다!" 난 원래 그 K 목사님을 좋아하기도 했지만, 그날 완전히 그 목사님께 더 큰 점수를 드렸다. 그런데, 못 말릴 일은 한동안 입을 봉했던 그 여자 목회자 분이 오래된 고질 습관인지, 한 반 시간쯤 지나자, 또 움찔거리며, "오메-"인지

"아멘"인지 엇비슷한 미묘한 소리를 몇 번 더 남발했다. 그 바람에 참석한 우리들이, 참지 못하고 "와" 폭소를 터뜨리게 했던 잊지 못할 기억이다.

  버릇처럼 예배 중에 아무 때나, "아멘"을 남발하는 분들의 자제와 양해를 조심스럽게 구하며…

5. "아직도 쇼핑할 게 있으세요?"

새 교회의 담임목사 사모로 임직되고 얼마 지나지 않아, 그 낯선 지역의 쇼핑몰에 나갔다가 재수없게 마주친 그 교회의 여집사에게서 들었던 질문(?)이다. 사모가 되기 전, 쇼핑몰에서 오랜 세월 비즈니스를 운영해 왔던 관계여서일까, 나는 새 지역에 가면 그 지역의 몰을 돌아보길 좋아했던 게 사실이다. 예전에도 어떤 날은 종일 일이 끝난 후, 피곤한 줄도 모르고 집으로 가다가 그 지역에 있는 못 가 본 쇼핑몰 주차장에 차를 세우고 몇 상점을 휙 둘러보곤 했던 적도 있었다.

그렇게 자유하게 살다가, 29년이나 살았던 버팔로를 떠나 졸지에 낯선 지역으로, 게다가 담임목사 사모라는 쉽지 않은 위치에 내던져진 황당한 상황. 엎친 데 덮친 격으로 살던 집과 두 개의 비즈니스가 아직 정리도 되지 않은 채, 갑자기 목회지로 떠나야 했던 관계로 몇 개월을 300마일의 거리를 오가며 주중 5일은 몰로 달려가 비즈니스를, 주말엔 다시 300마일을 되돌아와 사모의 역할을 해야 했던, 죽지 않을 만큼 힘들었던 사모의 초창기 시절이었다. 그렇게 시작된 사모라는 어려운 입장에서 받는 스트레스와 외로움. 친구

하나 없이 누구에게나 나는 "사모"로 불렸고, 그 '사모'라는 이름은 보이지 않는 족쇄 같아서 불릴 때마다, 깊은 굴 속으로 한 발자국씩 밀쳐 넣어지는 느낌까지 받았었다.

그래서 숨을 쉬려고 나섰던 쇼핑몰로의 걸음이었는데, 운 나쁘게 까다로운 K 집사의 아내와 마주친 것이다. 그 부부는 또 다른 집사 부부와 함께, 교회에 매주 나오지도 않으면서, 요리 저리 새 담임목회자가 어떤 인물인지 찔러 보는 까다롭고 삐딱한 교인 중의 하나였다.

그날, 단도직입적으로 최소한의 예의도 없이 "아직도 또 쇼핑할 게 있으세요?"라고 화두를 던진 K 의 얼굴을 마주보며, 사모라는 묘한 입장 때문에, 할 말을 찾지 못했던 분하고 억울한 기억이다.

"그래요, 뭐 좀 멋진 신상품이 있나 찾아보러 나왔는데, 무슨 문제 있어요?", "왜 사모는 쇼핑 나오면 안 되나요?", "내 지갑 내가 쓰는데, 당신이 무슨 상관이야?"

나중에 돌아서서 상점 안을 돌자니 걸으며, 갖가지 "이렇게 대답해 줄걸", "이렇게… 말할걸" 등 못 퍼부어 준 말들이 부글부글 가슴속을 뒤집고 끓어오르기 시작했다. 죽을 죄라도 진 듯 아무 대꾸도 못하고 어색한 얼굴로 어물거리며 그냥 보내 버린 그 여집사의 밉상스런 얼굴이 상점 곳곳에 세워진 마네킹마다 겹치며 따라왔던 기억이다.

사모는 늘 제일 남루해야 맞고, 늘 불쌍해 보여서, 측은해하는 마음으로 동정하며 옆구리에 무언가를 조금씩 집어 주면서 선행의 만족감을 느끼게 해 줘야 할 존재. 부엌에서는 제일 구질구질한 설거지를 해야 마땅하고, 얼굴엔 언제나 어디서나 원인 불명의 웃음을 바르고 지내야 하는 존재. 그런데 나는 처음부터 잘 하는 게 아무것도 없다고, 그릇을 잘 깨서 설거지도 못 하고, 우리 아이 둘도 겨우 길러 낸 처지라, 예배 중 유아실 지킴이도 사양했고, 즐기지도 않고 소양도 없는 일들이라며 이것 저것 다 내 딴엔 정중하게 사양했던, 세상 모르고 까불었던, 무서운 한인 이민 교회의 딱한 사모였다.

결국 어느 날, 당시 의과대학의 교수님이셨던 노장로님의 아내인 K 권사님이 사투리 섞인 목소리로 교회 부엌 한가운데 서 있는 나를 향해, 빙 둘러선 권사님과 집사님들 앞에서 했던 말씀이 아직도 생생하다.

"하긴, 사모란 입장이 동역자의 입장도 아니고, 따로 봉급(페이롤)이 있는 것도 아니니, 따지고 보면 사모에게 이것 저것 무작정 요구를 할 수 있는 입장은 아니지…"

그때 더러는 아니꼬운 표정을 하고 고개를 꼰 집사나 권사들도 있었겠지만, 나는 모르는 척 어색한 웃음을 지으며, 미묘한 노권사님의 코멘트를 내 딴엔 잘 받아 넘겼다고 생각한 한참 모자란 못된 사모였다.

6. 유다의 발 씻기

그날 읽은 '오늘의 양식'은 예수님께서 십자가의 죽음을 앞두고 제자들과 최후의 만찬을 끝낸 후, 제자들의 발을 씻기시는 요한복음 13장의 말씀이다.

예수님께서 겉옷을 벗으신 후, 허리에 수건을 두르시고 허리를 굽혀 제자들의 발을 손수 씻기시는 너무도 잘 알려진 성경말씀이다. 그때 수제자 베드로가 자기의 발을 씻으시려는 예수님을 만류하는 대목도 잘 알고 있다.

'오늘의 양식'은 그때 예수님께서 발을 씻기신 제자 중에는 유다도 포함되어 있었음을 지적하고 있다. 사랑하는 제자들의 발만이 아니라, 오랫동안 따르던 스승을 은 30냥의 가치로 하락시키고 십자가의 참형에 예수를 팔아 버린 제자 가룟 유다의 발도 허리를 굽혀 씻으셨다는 사실이다.

그 가룟 유다는 뒤늦게 자신의 죄를 깨닫고, 스스로 목을 매어 자결을 하지만 나에게 큰 충격으로 새로운 깨달음을 준 것은, 유다의 죽음도 또 십자가 위에서 그에게 못질하는 로마 병정들을 위해, 저들의 죄를 용서해 달라고 하나님께 간구했던 예수님의 기도도 아니다.

허리에 수건을 동여매고, '너희가 깨끗하나 다는 아니니라" 자기를 팔 자가 누구인가를 아시면서도, 허리를 굽혀 가룟 유다의 발을 씻으셨던 예수님의 그 순간 마음의 상황에 깊은 충격을 받았던 것 같다.

베드로와 안드레, 그리고 그가 각별히 사랑했던 요한의 발을 씻으실 때와 가룟 유다의 발을 씻으실 때의 예수님의 마음은 한 가지로 똑같은 마음이셨을까. 아니면 오히려 더 민망하고 측은한 마음이 아니셨을까.

수난주간을 보내면서, 지치지도 않고 힘들게 하는 몇 교인들로 인해 쭉 무거운 마음에서 벗어나지 못하고 지내 오던 차다.

용서를 할 수 있다는 것은 하나님으로부터 용서를 받았다는 증거라고, 몇 주 전 수요예배에서의 말씀이 목에 가시처럼 걸린 채이다. 목에 고약하게 걸려 있는 가시처럼, 가슴속에서 떠나지 않고, 문득문득 틈만 나면, 집요하게 온몸을 휘감으며 숨을 조여 오는 거미의 검은 다리와 같은 것. 한편 이러한 나의 참담한 모습은 마귀에게 얼마나 고소한 조롱거리일까 자조하는 마음도 든다.

그렇게 피곤하고 기진해서 모든 것을 다 놓아 버리고 싶어하던 나에게 요한복음 13장의 말씀이 어두운 허공을 밝히며 섬광처럼 나를 감싸 온 날이다. 드디어 무릎을 꿇고, 하나님께 도와 달라는 기도를 할 수 있었다. 용서받고 싶다고, 용서할 수 있도록 도와 달라고 무릎을 꿇었다.

그날 수요예배 찬양을 통하여 감사하여 목이 메었고, 산상수훈 마태복음 5장의 말씀들을 통하여, 목에 가로 걸려 숨을 쉬기에도 고통스러웠던 것들이 다 녹아 내린 은혜의 찬양예배였다.

산상수훈:
- 심령이 가난한 자는 복이 있나니, 천국이 그들의 것임이요
- 애통하는 자는 복이 있나니 그들이 위로를 받을 것임이요
- 온유한 자는 복이 있나니 그들이 땅을 기업으로 받을 것임이요
- 의에 주리고 목마른 자는 복이 있나니 그들이 배부름을 받을 것임이요
- 긍휼히 여김을 받는 자는 복이 있나니 그들이 긍휼히 여김을 받을 것임이요
- 마음이 청결한 자는 복이 있나니 그들이 하나님을 볼 것임이요
- 화평하게 하는 자는 복이 있나니 그들이 하나님의 아들이라 일컬음을 받을 것임이요
- 의를 위하여 박해를 받는 자는 복이 있나니 천국이 그들의 것임이라
- 나로 말미암아 너희를 욕하고 박해하고 거짓으로 너희를 거슬러 모든 악한 말을 할 때에는 너희에게 복이 있나니
- 기뻐하고 즐거워하라 하늘에서 너희 상이 큼이라 너희 전에 있던 선지자들도 이같이 박해하였느니라

주님, 모 성도의 발을 기쁜 마음으로 씻을 수 있는 은혜를 허락하여 주옵소서 마치 요단강 깨끗한 물속에 송두리째 온몸이 잠겨 씻김을 받은 듯한 감격으로 무릎을 꿇었던 측은한 나의 모습이다.

7. 나와 찬송가

　나는 몇 해 전까지 찬송가 부르기를 별로 좋아하지 않았다. 나 자신이 부르기를 좋아하지 않았을 뿐만 아니라, 예배 중에 수시로 자리에서 일어나, 나오지도 않는 목소리를 쥐어 짜면서 반주에 맞춰 찬송가를 부르는 일이 고역처럼 느껴졌다. 그때마다, 나는 노래 부르기를 좋아하고 잘 부르는 사람이 대표로 나와서 특송으로 부르면, 우리들은 앉아서 그냥 듣기만 하면 딱 좋을 텐데라고 생각하곤 했다.

　그러다가 언제부터인가, 우리 내외가 가정예배(Devotion Hour)를 시작하면서, 먼저 찬송가 몇 장을 부른 후에 성경 말씀을 읽는 순서로 하면서, 찬송가를 부르게 되었다. 우리는 서로 자기가 좋아하는 찬송가를 고르기 시작했는데, 남편은 주로 새 찬송가를 배우려는 의도로, 나는 많이 들어 왔던 잘 아는 찬송가를 고집하며 찾아 부르기 시작했다. 가정예배(Devotion Hour)에서까지, 심술을 부리며, 남편이 새 찬송가를 부르면 나는 다 끝날 때까지 입을 다문 채 기다리곤 했다. 그런데 사실은, 안 부른 게 아니라 음계도 제대로 못 읽으니 못 부른다고 해야 더 맞는 말이다.

그러던 내가, 가정예배를 시작한 후 언제부터인지 차차 찬송가를 좋아하기 시작했다. 찬송가를 찾으면서, "아, 이 찬송가는 누가 좋아하던 찬송가인데, 그 찬송가는 옛 올바니 교회의 그분이 좋아하던 찬송가야" 하며 옛 교인들 얼굴을 떠올리기까지 했다. 대학원 학생이셨던, 윤상철 씨는 468장 "주 날개 밑 내가 편히 쉬네", 그리고 의외로 김선욱, 박신순 부부의, "돈으로도 못 가요, 하나님 나라, 어여뻐도 못 가요 하나님 나라"란 재미있는 복음성가와, 고 김석연 장로님의 "나의 등 뒤에서 나를 도우시는 주" 등등은 버팔로 교회에서, 그리고 "아, 하나님의 은혜로 이 쓸데없는 자"는 올바니 교회의 H 장로님, "내 모습 이대로"란 찬송은 만년 소년이신 이남수 장로님, "심령이 가난한 자"는 친교로 늘 수고하시던 올바니 교회의 최호숙 장로님이 각각 사랑하던 찬송가다. 지금 다니는 교회에선, "성자의 귀한 몸"을 C 집사님이 좋아하시는 등 사람마다 좋아하는 찬송가도 다 다르다.

나는 "죄 짐 맡은 우리 구주"를 좋아해서, 아이들에게 "내 장례예배 땐, 그 찬송가를 틀어 달라"고까지 생각하고 있었는데 요즘 들어선 너무 좋아하는 찬송가가 많아져서 어떤 찬송가를 틀어 달랠지 아직 결정을 못한 채다. 요즘 우리 내외가 가정예배(Devotion Hour) 때 제일 많이 부르는 찬송가는 단연 "목마른 자들아"이지만, 예배가 끝나 갈 즈음엔, 기도처럼 부르는 간절한 찬송가가 따로 또 있다. 286장인데, "주 예수님 내 맘에 오사"란 찬송가다. 이 찬송가는 영어 가사가 더욱 가슴에 절절하다. 특히 후렴으로 반복되는 구절들… 한국어 후렴과 영어 후렴 가사가 많이 다른 것 같아, 한국 가사와 영어 가사를 그대로 올린다.

"사랑의 주 사랑의 주 내 맘 속에 찾아 오사, 내 모든 죄 사하시고 내 상한 맘 고치소서"

"… into my heart, into my heart, Come into my heart Lord Jesus. Come in to-day, come in to-stay, Come in to my heart, Lord Jesus."

그런데 문제는 찬송가를 너무 좋아하게 되다 보니, 어떤 땐 예배의 중심인 말씀 읽는 걸 빠뜨리고 찬송가만 계속해서 부르다가, 가정예배(Devotion Hour)를 끝내 버릴 때도 있다.

찬송가는, 기도와는 또 다르게 주님의 임재를 기쁘게 체험하게 하는 힘이 있는 것 같다. 나의 바로 손위동서의 90이 넘으셨던 어머님 권사님께서 짧지 않은 기간을 치매로 고생하시던 당시의 얘기다. 나중엔 따님인 나의 동서까지 못 알아보셨다는데, 그때도 찬송을 부르시면, 한 소절 한 단어도 틀리지 않고 4절까지 다 부르셨다고 한다. 이처럼 찬송은 모든 육체의 지각이 다 사라진 이후에도 영혼의 가장 깊은 곳에 주님을 향한 간구로 살아 있음을 깨닫게 한다.

참혹한 아우슈비츠 수용소에서, 유대인들이 매일 매일의 고통을 내려놓고, 밤마다 멍든 몸을 벙커에 뉘일 때에도, 가슴속으로 "시편"을 찬양하며 다가올 내일을 하나님께 맡길 수 있었고, 고되고 힘든 노예의 삶을 이어 가야 했던 흑인 노예들도, 입 속으로 찬송가를 끊임없이 부르면서 가혹한 매일매일의 삶을 견뎌 낼 수 있었다는 글을 읽은 적이 있다.

이처럼 찬송가는 힘없고 고통받는 영혼에게 설명하기 어려운 감동과 기쁨과 소망을 느끼게 하는 힘이 있다.

찬송가 부르기를 즐기지도 않았고 들으면서 기쁨을 느끼지도 못했던 내가 이렇게 "찬송가의 찬양자"가 되다니, 참으로 찬송가가 지닌 영의 힘이 아닐까.

8. 장례예배

지난 토요일 교회에서 장례예배가 있었다. 장례예배를, 추모예배, 혹은 천국 환송 예배라고도 부른다. 장례예배가 너무 죽음에 비중을 둔 어두운 느낌이어서, 추모예배라고 부르는 건 이해가 되는데, '천국 환송 예배'라는 명칭은 왠지 좀 비약된 느낌이다.

이 추모예배는 우리 교회에 40년 넘게 교인이셨던 장 권사님의 남편이신, 장 성도님의 추모예배다. 장 권사님은 80을 바라보시는 나이에, 니카라과 단기 선교에도 함께 다녀왔고, 볼리비아 선교지 선교사에게 $5000의 선교비를 선뜻 후원하셨던 신실하신 분이다.

교회에 도착하니, 거의 모든 하객들이 한결같이 검은 복장들이라 좀 놀랐다. 그 검은 복장들을 보니, 천국 환송 예배라는 명칭이 더 비약된 느낌이다. 천국으로 환송하는 즐겁고 기쁜 날 좀 더 밝고 환한 모습으로 함께 기뻐하며 찬양하는 분위기였으면 싶어서다.

남성 중창단 7명의 "저 높은 곳을 향하여" 찬송에 이어, 유가족들의 조사 순서가 있었는데 한국에서 날아온 고인의 막내 동생이, 강단에 올라와 큰 형에 대한 마음을 쏟아 놓았다. 목수였던 큰 형님은 집안의 맏아들로 태어나 부모와 동생들을 거느리며, 오랜 세월 힘들게 고생을 하셨단다. 그러다가 베트남에 가서서 일을 할 기회가 주어졌고 그 대가로 꽤 큰 돈을 벌어 오셨다고 한다. 그 형님이 미국으로 이민을 떠나게 되었을 때 그 많은 돈을 몽땅 부모님과 동생들을 위해 다 남겨 두고, 형수와 함께 빈 손으로 이민을 떠나셨단다. 미국에 오셔서도 맨손으로 온갖 고생을 다 하셨다며, 형님과 형수에 대한 고마운 마음을 울먹이며 토해 냈다.

장 성도님은 이민 6년 후부터, 아내와 함께 40년간 이 교회에서 신앙생활을 하셨다. 한동안 치매로 힘든 생활을 하실 때에도, 권사님과 함께, 교회 맨 앞자리에 앉아 예배를 드리던 모습을 기억한다. 고인의 치매가 많이 심해지셨을 때, 남편이 요양원으로 가셔야 할 마지막 결정 단계에서, 남편을 요양원으로 보내는 대신, 본인이 집에서 마지막까지 남편을 돌보시기로 결정하셨다는 권사님이다. 목사님의 조사 중에, 현재 우리 교회 강단도 그분의 손길로 만들어졌다는 사실을 새로 알게 됐다. 미국인 큰 사위의 목에 잠긴 조사에 이어, 고인의 둘째 동생도 강단에 나와 큰 소리로, "형님 감사합니다", "이렇게 와 주셔서 모두 감사합니다!"라고 조사를 대신했던, 한 가정의 소박한 사랑을 느끼게 한 따뜻한 추모예배였다.

한편 지난 4월에 세상을 뜬, 같은 콘도에 살았던 미국인, '마지'의 추모예배는, 온라인으로 참석했던 줌(Zoom) 예배로, 한국 교회의 장례예배와 판이했다. 그 예배는 고인이 된 마지가 추모예배의 절차를 다 준비해 놓은 대로, "삶의 축제(셀레브레이션 오브 라이프)"란 이름처럼, 그녀 생전의 삶처럼 밝고 화기애애한 교회의 모임(Gathering)을 생각나게 했다.

집례 목사님이 왼손에 인형을 끼우고, 재미있는 스킷(Skit)으로 시작된 추모예배는, 목사님의 경쾌한 기타 연주로 이어졌고, 마지의 동생과 세 친구들의 고인에 대한 조사(Tributes)들로 이어졌다. '셀레브레이션 오브 라이프'란 타이틀에 맞는 색다르고 즐거운 추모예배였다. 참석한 분들의 복장도 각양각색으로 평상시와 다르지 않게 밝은 분위기였고, 특히 그중 기억나는 한 친구분의 고인을 위한 조사 중, "마지는 우표(Stamp)나 나비를 수집하는 대신 사람을 수집했던, 사람을 무엇보다 사랑했던 친구"란 한마디가 그녀의 삶을 생각하게 했다.

엄숙한 추모예배나, 경쾌한 잔치 같은 추모예배나, 추모예배는 조객들에게 각각 자신들의 삶을 다시 한번 되돌아 비춰 보게 하는 확대경 같다. 진지하게 본인의 추모예배를 상상해 보며, 다른 사람들 앞에 낱낱이 비춰질 확대경 속의 스스로의 삶에 대해, 다시금 새로운 각오를 하는 계기가 될 것 같다. 그래서 천국 환송 예배라는 호칭이 조금도 비약된 느낌이 안드는, 아름다운 삶으로의 변화를 새롭게 각오하는 고인이 베푸는 마지막 "잔치(Party)"라고 한다면 비약일까.

9. 홀가분한 마음

요즘 나는 마음이 편치가 않다. 딱히 어디가 아픈 것도 아니고, 특별히 이렇다 할 안 좋은 일이 생긴 것도 아닌데, 이렇게 마음이 복잡하다. 식사도 잘 하는 편이고 잠도 잘 만큼 잔다. 그런데도 저녁 때가 되면, 어두워지는 창밖을 바라보며 나도 모르게 불편한 심정이 되곤 한다. 외로움에서 오는 현상일까, 아님 노화의 현상인가. 어제는 딸의 첫 손자가 머리를 컷 해 달라고 해서 낮에 딸네가 사는 팔로 알토엘 다녀왔다. 곧 방학이라, 유럽으로 여행을 떠나게 되는데, 여행 전에 머리를 자르고 싶은 모양이다. 어릴 때부터, 두 손주 녀석들의 머리를 내가 맵시 있게 컷 해 주곤 했기에, 내가 부재중이 아니면, 헤어 살롱보다 오히려 내게 머리를 맡겨 오는 손주들이다.

예전엔 런던으로 파리로, 더 그 전엔 일본으로 중국으로, 한국으로 우리도 여행을 함께 하곤 했는데, 언제부터인가 가족여행에서 우리가 제외되기 시작했다. 아이들이 이제는 셋 모두가 틴에이저가 되고, 첫 손자는 운전 면허증도 탔고, 요즘은 자기 아버지를 내려다 볼 정도로 훌쩍 커 버렸으니, 우리 내외가 함께 여행을 할 시기가 지나긴 했다. 곧 방학이 시작되면, 딸네는 유럽으로, 아들네는 한국으로 각각 여행을 떠난다. 가족끼리의 단란한 여행을 족히 이해는 하면서도, 마음속 가득히 스며드는 쓸쓸한 마음은 어쩔 수가 없다. 아들딸에게 서운하다기보다는, 이런 나이에 이른 우리들의 늙음이 서글프고 당황스럽다고 할까. 게다가 요즘 주변에 일어나는 일들이 모두가 쓸쓸한 일뿐이다. 이 미묘한 마음은, 같은 미니콘도 아래층 1호에 살며, 각별하게 지내던 '마지'가 콘도 내 자기 아파트로 호스피스 침대를 들여와, 5개월을 누워 지내다가 이 세상을 뜨면서부터 시작됐다. 한편 돌아오는 토요일엔, 최근에 돌아가신 우리 교회 장권사 남편의 추모예배가 있을 예정이고, 또 지난 일 년 반 전, 허리 수술 이후로, 극심한 통증 속에 자리에서 못 일어나고 있는 콩코드의 정 사모님과 급격히 다리가 나빠지고 있는 그녀의 남편 정 목사님의 염려스러운 상황 등이다. 멀게는 옛 버팔로 카톡방에서 하루도 빠짐없이 활발하게 소식을 올리시던 장로님 한 분이 갑자기 스트로크로 눕게 되었다는 소식을 받은 후, 8개월쯤 후에 들려온 그분의 타계 소식이며, 더구나 우리 교회 니카라과 선교를 몇 년째 이끌어 오시며, 골프, 테니스 그리고 하이킹 등 누구보다 활동적이시던, C 집사님이 당한 스트로크는 우리 교회와 커뮤니티의 놀라운 소식이다. 갑작스레 달라지고 있는 주변의 소식들이 온통 아픈 사람들 소식으로 가득하다.

   와중에 남편은 7월 말경 니카라과 단기 선교에 다녀온다고, 나에게 말도 안하고 비행기 표를 샀다. 허리가 아파서, 허리에 복대를 감고 다니면서, PT를 받고 와서, 혼자 방에 누워 끙끙거리며 허리와 다리 운동을 하는 상황인데, 그 더운 때에 니카라과에 다녀오겠단다. 이제는 나도 반대를 하고 어쩌고 하기도 피곤하고 지쳤다. 걸핏하면, "하나님이 함께 하실 거야, 그리고 아파서 돌아오게 되면, 그것도 하나님의 뜻"이란 식으로 이어지는 남편과의 대화에도 식상이 났다.

포기하는 마음으로 한 발 물러나 생각하니, 남편의 말에도 일리가 있다. 백 년 천 년 살기를 바라는 천치가 아니라면, 가능할 때 하고 싶은 일, 다녀오고 싶은 곳을 다 섭렵하며 살아가는 게 오히려 현명한 처사가 아닐까.

그렇게 생각을 고쳐 먹으니, 평생 생각만 하며 미처 엄두를 못 내고, 하고 싶었던 일들을 미루기만 하며 살아가는 삶이 미련하게까지 느껴진다. 아무리 몸을 사리며 살아도, 때가 이르면 너나 없이 다 떠나가게 되어 있는 인생인데, 미리 앞당겨 염려하고 겁내며 살아가는 게 얼마나 멍청하고 미련한 노릇인가.

마침내 제대로 된 생각의 트랙에 들어선 것인지 아니면 지쳐서 생각의 줄기를 다 놓아 버린 것인지, 갑작스레 홀가분한 마음이 온몸을 편안하게 감싼다.

10. 유언장(The Will)

드디어 벼르던 유언장을 법적으로 작성하기로 했다. 벌써 2, 3년 전, 주변의 몇몇 친구 분들로부터 유언장 작성은 물론, 장지까지 구해 놓았다는 얘기를 들었고, 얼마 전엔 요즘 한국에서 유행하는 서목장지를 하기로 정한 후, 특정 나무까지 정해 놓았다는 소식이 날아왔다.

우리는 몇 해 전 온라인으로 유언장 작성하는 걸 뽑아서 대강 작성해 놓았던 관계로, 안심하고 있었다. 그런데 캘리포니아의 유언장 작성은 좀 다르단다. 즉 변호사와 함께 두 사람의 증인 참석과 그들의 사인이 반드시 필요하다고 한다. 돌이켜 생각하니, 지난 4월 같은 콘도 1층에 살던 '마지'가 세상을 뜨기 4일 전, 우리 부부가 그들의 유언장 증인 부탁을 받고, 변호사 앞에서 서명을 했던 기억이 난다.

어제 드디어 유언장 작성을 하려고, K 장로님과 Y권사님께 유언장 증인이 되어 주시기를 부탁드렸었다. 특별히 신탁기금(Trust Fund)을 위한 유언장 작성도 있다지만, 우리는 손주들에게 딱히 따로 내려 줄 만한 큰 재력가도 아니고 부동산도 없는 처지라, 그냥 쓰다가 남은 돈을 두 자녀가 똑같이 반반씩 나눠 가지는 유언장을 작성하기로 했다. 그래서, 두 자녀들이 똑같이 나누어 갖거나, 혹은 둘 중에 형편이 나은 자식이 마음을 써서 다른 형제에게 더 나누어 주든가 하는 일은 자기들이 알아서 할 일이다.

아침 10시 반에 우리 집에서 가까운 CT 뱅크로 K 장로님 내외가 오시기로 해서, 은행으로 향했다. 아침부터 서둘러 나오시게 해서, 허약한 권사님께 너무 수고를 끼치는 것 같다. 어제는 권사님이 아침에 힘드셔서 교회도 못 가셨다는데… 더구나 Y 권사님은 최근, 12년 만에 페이스메이커를 새로 갈아 넣는(6시간이나 걸린) 수술을 했던 차라 아직 회복 중이시다. 시간 전에 늘 약속장소에 나오시던 장로님 내외이신데, 시간이 되어도 안 나타나서서, 혹시 권사님이 편찮으신가 걱정이 되기 시작한다. 약속을 취소하고 다음으로 미룰까 망설이는데, 두 분이 허둥지둥 은행으로 들어서신다. 서로 인사를 나누는데, 담당 은행원이 벌써 책상으로 와 앉는다. 곧 다른 은행 직원이 오더니 장로님 내외가 앉을 의자 두개를 우리 곁으로 가져다 놓는다. 남편과 내가 각각 운전면허증을 나란히 내어 놓고, 쌓인 서류들에 사인을 하고 날짜를 적어 넣자, 장로님 내외도 각각 아이디 카드를 펼쳐 놓고, 증인으로 사인을 하셨다.

드디어 오랜 기간 벼르던 유언장 작성이 끝났다. 이제는 그냥 그 작성된 유언장을 가지고 있다가, 살아남은 자가 이 유언장을 찾아서 또 간직하게 된다. 그러다가 마지막 살아남았던 자가 또 세상을 뜨게 되면, 남은 두 자녀가 이 유언장의 지시대로 남은 재산을 똑같이 나누어 가지게 되면 끝나는 절차다.

"누가 또 세상을 뜨셨대요." "그분도 가셨다네요." "고생 않고 가셨으니 복 받은 분이시지요." 등등 심심찮게 듣게 되는 이야기들이, 이제는 한 발짝 더 내 가까이로 다가온 느낌이다.

그런데, 나에겐 가슴속에 서성이고 있는 다른 한 가지 일이 더 남아 있다. 남편은 당연히 결정을 한 "화장" 절차인데, 나는 처음부터 그 절차가 꺼림칙하다. 내 오빠도 어머니도 다 화장을 했는데, 나는 날이 갈수록 그 화장이 싫고 편치가 않다. 싫어하는 게 많은 사람으로 낙인이 찍히긴 했지만, 생각해 보니, 엄청나게 강한 불길로 바짝 구워진 후, 기계로 콩가루처럼 빻아져서, 조그만 항아리 안에 희끄무레한 가루로 남겨지는 게 아무리 생각해도 영 아니지 싶다. 아니, 정말로 싫다. "그럼 구더기들에게 먹히는 게 더 나을까. 깨끗하게 태우면, 간단하고 장례비용도 훨씬 저렴하다던데…" 남편이 웃음을 섞어 하는 말이다. "죽은 후에 아무려면 무슨 상관이 있어요?" 한 절친의 또 다른 코멘트다. 그리고 "매 몇 십 년마다, 땅도 갈아 엎어 버린다고 하던데…" 어디선가 또 들려 온 말이다.

아직은 매일매일 어김없이 해가 뜨듯, 새로운 아침이 내일도 모레도 다가올 것 같은데, 정작 "유언장"을 작성하고 나니, 죽음의 실체가 바로 코 앞에 다가와 생각이 많아진 탓일까. 가루가 될 때까지 빻아지는 내 모습이 자꾸만 눈 안에 쌓인다.

"화장이냐 매장이냐." 이것이 내가 조만간 결정해야 할, 마지막 큰 과제다.

제5장

아리엘(1)

 아리엘은 우리 집에서 멀지 않은 길 건너, 로스 알토스(Los Altos) 도서관 주차장 자동차 안에서 지내는 홈리스이다. 홈리스의 이름이라기엔 좀 어울리지 않는, 여자에게나 어울릴 듯한 이국적인 이름이다.

 우리가 6년 전 샌프란시스코에서 이쪽으로 이사 온 콘도는, 종일 햇빛 한 줄기 안 들어오는, 총 7가구의 미니 콘도이다. 샌프란시스코 베이지역 8층 콘도 빌딩에서 살던 때와 다르게 불편한 점이 한둘이 아니다. 그럼에도 불구하고, 현관에서 몇 발자국만 나서면, 식당이며 상점들이 주욱 늘어서 있고, 세이프 웨이 슈퍼마켓은 5분 거리, 우체국과 월그린(Walgreens)은 10분 미만의 거리에, 게다가 바로 길 건너에 있는 이 도서관 때문에, 어두운 콘도의 썰렁함을 견뎌내며, 7년째 감사한 마음으로 살아가고 있다.

 이 도서관에 들어서면 내가 주로 앉는 자리가 있다. 중간에 대여섯 대의 컴퓨터가 있는 자리를 지나면, 뒤쪽으로 몇 개의 조용한 공간이 있다. 전에는 방 가득히, 흡사 학교의 교실처럼 책상과 의자가 창문 쪽을 향해 같은 방향으로 나란히 배치되어 있었는데, 요즘은 창문 쪽으로 딱 한 줄, 5개의 책상과 반대로 등을 진 서너 개의 책상이 있다. 나머지 공간에는 고급 전화 부스 같은 격리된 일인용 혹은 2-4명까지 함께 미팅을 할 수 있는 방들을 몇 개 세웠다. 밖에서 보면, 그 안에서 컴퓨터를 열어 놓고 있는 사람들이 좀 더 전문가처럼 보였지만, 나는 늘 양쪽 벽에 가까운 두 자리 중 빈 자리를 찾아 앉는다. 바로 그 자리에서 어느 날 그 홈리스를 보게 되었다. 바로 내가 앉은 창 밖으로 주차장 맨 왼쪽에, 허름한 파란색 차 한대가 있었는데, 작고 허름한 그 차 지붕 위에는 무언가 담긴 허연 비닐 봉지들이 빽빽이 얹혀 있어서, 주차된 다른 차들 사이에서 확연히 시선을 끌었다. 그런데 그날, 그 차 안에서 나온 남자가 주섬주섬 옷 매무새를 가다듬고, 차 트렁크를 열더니 큰 물통을 꺼내 물을 마시고, 봉지에 든 감자칩 같은 걸 꺼내 우적우적 씹어 먹는 모습을 보았다.

아리엘의 주거지인 작은 차

작지 않은 키에 잠바에 달린 후드를 뒤집어 쓴 채, 차 트렁크를 닫고 뒤로 돌아서서 도서관 쪽으로 걸어오는 그 사람은 늘 도서관 중앙, 두 번째 컴퓨터에 붙박이처럼 앉아 있던 낯익은 남자였다.

그 후 남편과 함께, 그를 동네 빵집으로 초대해 함께 샌드위치를 먹으며 서로 통성명을 했고, 그의 이름이 아리엘이란 걸 알게 됐었다. 우리 집에서 멀지 않은 '루 불런져(Le Boulanger)'라는 빵집이었는데, 아리엘이 땀을 뻘뻘 흘리며 식당에서 먹는 걸 몹시 불편해하는 것 같아, 이후엔 그가 안내하는 세이프 웨이 슈퍼마켓 이층 아웃도어 식당에서 만나곤 했다.

그와 통성명을 하기 전에 나는 컵떡국, 컵라면 혹은 '루 불런져' 빵집에서 갓 구워 낸 디너 롤이며 초콜릿 등을 도서관에 가는 길이면 그에게 가져다주곤 했었다. 그러다가, 빵집에서 샌드위치를 먹을 때, 그가 철저한 채식주의자인 것을 알게 되었고, 심지어는 빵도 안 먹는다고 자기 접시에 따라 나온 빵도 내 쪽으로 넘겼다.

아리엘은 스페인과 필리핀 혼혈인으로, 이 도서관 뒤 주차장에서 지난 1994년부터 20년째 살고 있단다. 범죄 기록이 없고 온순해서 도서관과 이곳 경찰에서도 그냥 도서관 주차장 차에서 지내는 걸 눈감아 준다고 했다. 그를 통해 알게 된 것은, 홈리스 들이 기거지를 결정하는 가장 중요한 조건 중 하나가 가까운 곳에, 화장실이 있는 것이라고 한다. 그러고 보니, 이 도서관 뒤쪽 커뮤니티 센터 가까이 24시간 열려 있는 깨끗한 공중 화장실이 있다. 낮에는 쾌적한 도서관에 와서, 몇 시간씩 컴퓨터를 사용하며 나름대로 필요한 상식이며 세상 돌아가는 뉴스도 듣고, 때로는 영화도 보며, 홈리스 치고는 격 있게 지내는 셈이다. 게다가 주말에는 하루나 하루 반나절 어디서 일도 한단다. 거의 20년 가깝게 일해 온 곳으로, 짐을 나르는 일이란다.

대학도 다녔고, 결혼도 했었다는데, 오피스에 혼자 있을 때, 허락 없이 무슨 화학 연구를 하다가, 눈에 몹쓸 화학 물질이 감염되면서, 눈이 상한 후 졸지에 삶이 뒤엎어진 모양이다. 눈이 점점 나빠져서 시력을 잃게 될 수도 있다는 놀라운 얘기도 했다. 그래서인지, 볼 때마다 두 눈이 붉게 충혈이 되어 있었다. 무슨 종류의 수술인지 수술을 받아야 하는데, 수술비가 $30,000이나 한다고 했다. 늘 컴퓨터 앞에 앉아 지내고, 34.5도까지 떨어지는 추위에, 창문까지 닫지 못하고 매일 밤 지내야 하는 험한 환경 때문에, 눈이 충혈된 것으로 알았었다.

텍사스에 형이 살고 있고, 오클랜드엔 여동생이 한 명 있다고 한다. 어떻게 하다가 대학까지 다닌 사람이 차에서 살게 되었는지, 게다가 금년으로 20년이 되어 간다니, 믿기 어려운 삶이다. 그래도 쉘터도 빌려 짐들을 맡겨 두었고, P.O.BOX도 있다고 하니, 정부에서 소셜 시큐리티도 받고 있는 것일까. 일 년에 $500을 지불하고, YMCA 회원권을 사서, 1주에 3번 샤워도 하며, 나름대로 홈리스이지만, 정결한 모습이어서, 나도 그 허름한 파란 차에서 내리는 걸 보지 않았다면, 그가 홈리스인 줄 몰랐을 터였다.

그를 알게 된 후, 비가 오거나 기온이 많이 떨어지면, 밤에 자다 깰 때마다 추운 차 안에서 밤을 지내는 아리엘 생각이 나곤 한다. 두꺼운 이불을 덥고도 선선해서, 포터불 히터까지 틀어 놓고 자곤 하는 것도, 마음에 편치 않다.

남편이 "밤에 우리 집에 와서 자고 가랠까?" 주고 받은 게 벌써 한참 전인데, 아침이 되면 선뜻 둘이 다 입을 다물고 만다. 잠만 자고 아침에 그냥 보낼 수도 없고, 아침 식사까지 준비해야 할 일이, 집을 오픈하는 일 못지않은 부담이다. 일단 집을 오픈하게 되면, 그냥 밖에서 식사를 하는 것과는 다른 문제다.

또 하루가 저물어 간다. 요즘은 오후 5시만 되어도 밖이 어두워진다. 도서관은 월요일에서 금요일까지는 저녁 9시에, 토 일요일은 저녁 7시에 닫는다. 나는 버릇처럼 도서관을 나서기 전, 전화를 열고 그날의 밤 일기를 체크한다. 오늘은 최저 41도, 어제보다는 2도가 높고 비도 안 온다는 일기 예보이니, 그나마 다행이랄까. 아리엘의 오늘 밤 형편 때문이다.

아리엘(2)

아리엘의 차가 작동을 멈추었다고 한다. 그 모양새로 운전을 해서 이동을 하곤 했다는 게 믿기지 않을 정도로 정말로 낡은 차다. 그래도 엔진이 작동을 했었다는데, 엊그제부터 전혀 차를 움직일 수가 없게 되었다고 한다. 주로 금요일 하루 일을 하러 가곤 했고, 더러는 토요일에도 반나절 일이 주어질 때도 있었는데, 차가 더 이상 움직이질 않는단다. 지붕 위에 올려놓은 그 비닐 봉지들을 휘 날리며, 시내를 달려가는 그 차를 상상할 수가 없었지만, 가끔 그 파란 차가 주차장 다른 쪽 구석에 주차되어 있기도 해서, 그런 대로 자동차 구실을 하는구나 다행히 생각했었다.

그가 일하는 곳이 어디인지, 아침 8시까지 도착해야 한다는데, 버스로 가려면 세 번을 갈아타야 되고 2시간이 걸린단다. 하도 딱해서 남편이 꼭 필요하면 아침에 직장까지 데려다주겠다고 했었다. 그렇게 차 때문에 걱정하던 것이 얼마 전이다.

그래도, 늦게라도 도착해서 일을 하고 왔었는데, 어제 마침내 20년 가까이 일하던 그곳에서 해고를 당했단다. 기침을 하면서, 붉게 충혈된 눈으로 해고당한 이야기를 하는데, 뭐라고 할 말이 없다. 멀쩡한 몸으로 20년이라는 긴 세월을, 그 큰 키를 온전히 펼 수도 없는 작은 차 안에서 어떻게 살아왔는지, 딱하다는 생각을 넘어 오늘은 한심하고 바보스럽기까지 하다.

얼마 전, 알록달록 동화책에나 나옴직한 작고 긴 트레일러가 달린 세발 자동차가, 아리엘의 파란 차 옆에 주차되어 있는 걸 봤었다. 바로 $5,000인가 주고 주문했다던, 그 세발 자동차다. 오클랜드 시티뱅크에서 일한다는 여동생에게서 $5,000 도움을 받았다더니, 그렇게 아무 쓸모도 없는 장난감 같은 자동차를 산 모양이다. 그 차를 솔라 시스템으로 덮고, 안을 넓히면, 그 안에서 몸을 펴고 잘 수 있다고 하는데, 안을 들여다보니 꼿꼿이 몸을 펴고 들어 눕는다 해도 옆으로 한 치도 돌아 누울 수도 없이 비좁은 공간이다. 게다가 우스꽝스럽게 오색찬란한 어린아이들을 끌어 모으는 장난감 같은 차를, 도서관 주차장에서 장기적으로 주차하게 해 줄지 알 수 없는 모양새다.

어쨌든 본인도 뒤늦게 헛돈을 낭비한 것을 깨달았는지, 며칠 후 기다란 세발 자동차의 시커먼 메탈 몸통만 커뮤니티 센터로 가는 길 풀숲 사이에 숨기듯이 세워져 있는 걸 보았다. 알록달록한 몸체는 쉘터로 가져다 두었는지 안 보인다.

"차라리, 제대로 몸을 누이고 잘 수 있는 웬만한 헌 차를 구입하는 게 나을 것 같은데", 우리의 속 생각을 얘기했더니 자기는 가스를 넣는 차는 안 산단다. 자전거도 세발 자동차도 전기차만 산다고…

그런데, 아리엘이 또 우리를 놀라게 했다. 최근에 멀리 독일에서 $14,000를 주고 트레일러를 연결할 수 있는 작은 세발 자동차를 주문했단다. 전화를 열더니, 우리에게 보여 주는데, 최신 전기 세발 자동차 뒤에 제법 큰 하얀 스퀘어 트레일러가 달린 사진이다.

그런데 정말로, 그 하얀 세발 자동차가 그의 낡은 파란 차 옆에 주차되어 있는게 아닌가. 독일에서 이태리로 여기 저기를 거쳐 처음엔 12월 말, 1월 20일경, 또 얼마 전엔 플로리다에 도착해 있다더니, 최근엔 또 운송비 $1,400을 보내 줘야 이쪽으로 운송해 온다는 황당한 얘기를 하던 문제의 그 미니 세발 전기 자동차다.

그 운송비를 또 그의 누이 동생에게 빌려야 한다고 했었다. 정말 그런 고가의 차를 독일에서 주문을 하긴 했었나? 자꾸 도착 날짜와 장소가 바뀌는 등, 믿기지 않기 시작했던 그 하얀 세발 전기 차가 정말로 도서관 뒤 주차장까지 도착한 것이다.

첫 이틀은, 그냥 도서관 안에서 내다만 보면서, 세발 차를 사긴 샀었구나, 하다가 3일째 되던 날, 집으로 가는 길에 주차장으로 나가 그 새 차 안을 들여다보았다. 잘하면 발을 뻗고 운전석에 누워 잘 수 있을 것 같기도 한, 정말로 앙증스럽게 생긴 작은 세발 차다. 어쨌든 아리엘이 그렇게 애타게 기다리던 차가 왔으니, 다행이라고 생각했다. 아리엘이 도서관 컴퓨터 앞에 앉아 있는 걸 보고, 다가가서 "네 세발 차 도착했구나" 알은 체를 했다. 아리엘이 보고 있던 컴퓨터를 끄고 도서관 밖, 자기 차가 세워진 곳으로 성큼 성큼 앞서서 걸어 갔다. 앙증하게 작고 하얀 세발 차가 귀엽기도 해서, "이제 이 안에서 앉아서 잘 수도 있겠구나" 했더니 아직 솔라 시스템을 해야 되고, 할 일이 많다면서, 보험도 필요하고 뒤에 트레일러도 사서 달아야 한다고 말한다.

그새 세발 차 뒤에 또 트레일러를 달아야 한다는 말에 좀 어이가 없어졌다. '그 가격이면 웬만한 사이즈의 헌 차를 살 수 있고, 그 안에서 지내면 삶이 한결 편해질 텐데…'가 우리들의 상식인데, 장난감 같은 차를 두 대나 사서, 하나는 이미 수풀 속에 쇳덩어리로 세워놓고, 또 고가의 차를 먼 유럽에서 주문해서, 비싼 우송료를 내고 여기까지 몇 달에 걸쳐 운송해 오더니, 이제 또 거기에다 트레일러를 달아야 한단다. 게다가, 그 헌 파란 차도 그대로 갖고 있겠다고 하니, 도저히 이해가 안 된다. 보험도 사야 되고, 트레일러도 달아야 되고 늘 적지 않은 금액을 쉽사리 술술 내뱉는 아리엘.

문득 오클랜드에 산다는 그의 여동생 생각이 났다. 택사스에 산다는 형은 도움을 안 주는 것 같고, 걸핏하면 오클랜드의 은행에 다닌다는 여동생에게 손을 벌리는 것 같다. 시티뱅크에서 일한다는 아리엘의 그 여동생, 은행에서 무슨 일을 하는지, 텔러일 수도 있고 오피스에서 좀 높은 직책의 일을 할 수도 있겠지만, 여하튼 오늘은 그 여동생이 아리엘에 못지않게 더 안 된 생각이 든다. 아리엘이 허구한 날을 도서관에 앉아 지내면서, 작지 않은 액수의 돈을 낭비하는 듯한 상황을 보며, 매일 매일 은행에 다니며, 외국 땅에서 살아가는 그 여동생의 일상을 그려 봤다.

  아리엘 말에 얼마 전엔, 여동생이 주말에 자기 집에 와서, 함께 슈퍼 볼 게임을 보고 가라고 하더란다. 그러나 게임을 보고 나서, 동생이 밤늦게 또 여기까지 데려다주고 다시 오클랜드까지 되돌아가야 되는 게 미안해서 사양했다는, 아리엘의 대답이다.

아리엘(3)

일기 예보를 보니, 내일 토요일부터 다음 주 중까지 계속 비가 온 단다. 그나마 기온은 요즘 40도로 좀 높아졌지만, 여전히 아리엘은 그 작은 파란 차 안에서 자야 하는데, 제일 힘든 때가 비가 내리는 날이다. 공기가 통해야 되어, 운전석 차 문은 반쯤 열어 놓은 채 뒷좌석에서 몸도 제대로 펴지 못하고 구부리고 자는데, 비가 많이 오면, 차안으로 비가 샌다고 한다. $14,000이란 거금을 주고 산 하얀 전기 세발 차는 아직 그대로 덩그러니 그 파란 낡은 차 옆에 세워져 있다. 솔라 시스템을 해야 된다더니, 그것도 이제 또 사야 되는지 달라진 게 없고, 늘 입버릇처럼 바쁘다고 하면서, 오늘도 컴퓨터 앞에서 그림자처럼 그 두 번째 자리에 앉아 있다.

철저한 채식을 한다고 한 후, 또 제7일 안식교 신자인 것을 안 후부터, 나름대로 자기 삶의 철학이 있는지, 이것 저것 금하는 것이 많아서, 요즘은 아리엘에게 음식 등 가져가는 일도 삼가고 있다. 지난 번 만났을 때, 하얀 세발 차 보험도 사야 되고 솔라 시스템도 해야 되고 무엇보다 트레일러를 사서 달아야 한다는 말을 듣고, "이 정도 밖에 도움이 못 돼서 미안하다며, 예전대로 $20짜리 지폐 한 장을 건네주고 도서관으로 돌아왔었다. 성탄절 때와 지난 4월 우리가 여행을 떠나면서, $100씩 두어 번 주었고, 그 후엔 고작 $25이나 $20짜리 지폐를 건네줄 뿐이다. 우리에게 꼭 "마이 맘 앤드 대드" 같다고 하는 아리엘이 요즘은 점점 더 딱하고 한심하게 느껴진다. 오는 5월 5일이면 58세가 된다는데, 38세 때부터 저렇게 도서관 뒤 주차장에서 20년을 살아왔다는 게 어처구니가 없다. 허구한 날 컴퓨터 앞에서 무엇을 보고, 무엇을 읽으면서 그 오랜 세월을 살아왔을까. 철저한 채식가가 아니라면 좀 다르게 살 수 있었을까. 오늘은 채식을 한다는 것조차 마땅치 않게 느껴진다. 어젯밤부터 내리기 시작한 비가 다음 주 수요일까지 5일간 계속된다는데, 게다가 월요일은 공휴일이라 도서관도 문을 닫는다. 도서관이 문을 닫으면 아리엘은 갈 곳이 없다. 어디서 종일 지내곤 하는지 묻지도 못했다. 대다수의 직장인들과 학생들은 물론이고, 우리처럼 매일처럼 쉬는 시니어들도 공휴일은 반가워한다. 그러나 비까지 내리는 공휴일은 아리엘에겐 최악의 날이다. 그런데도 우리 집에 와서 지내다 가라는 말은, 우리 둘 다 똑같이 차마 입 밖에 내놓지 않은 채다.

아리엘(4)

며칠 만에 다시 도서관에 왔다. 도서관 뒤쪽에 개인용, 작은 방(POD)들 몇 개를 세우느라 어수선했던 창가 쪽 공간이 그런 대로 정리가 되어 이제는 몇 시간 보낼 만하다. 그 작은 방(POD) 몇 개가 세워진 후로, 많은 공간이 없어졌지만, 예전처럼 학교 수업을 끝낸, 중 고등학생들이 몰려와 잡담을 하며 놀다 가는 일이 없어 한결 오붓하다. 오른쪽 벽 자리가 비어 있어 자리를 잡고 밖을 내다보니, 오늘도 아리엘의 장난감 같은 하얀 세발 차가 그의 낡은 파란 차 옆에 나란히 세워져 있다. 언제 솔라 시스템을 끝내고, 트레일러를 달려는지, 아직 달라진 게 없이 그대로다. 내가 지난번 만났을 때 한마디 한 후, 다시 만나 얘기를 나누지 못한 채다. "우리들 생각엔, 그만한 금액이면, 웬만한 사이즈의 쓸만한 헌 차를 살 수 있을 텐데, 벌써 두 개나 저런 세발 차를 사서 또 트레일러를 달아야 한다고 하니…" "참 그리고 도서관에서 트레일러에선 잠은 못 자게 한다면서?" 일깨워 줄 겸 속에 있던 생각을 말했다. $5,000를 주고 샀던 세발 트레일러도 메탈 프레임만 주차장 뒷길 숲속에 세워 놓은 걸 보았었는데, 엊그제 보니 동네 사람들이 가져다 놓았는지, 프레임 위에 아담한 꽃 화분 대여섯 개가 얹혀져 있었다.

타인이 알 수도 없고, 이해도 할 수 없는 수많은 이유들로 많은 이들이 홈리스의 삶으로 전락한다. 얼마 전 읽은, 《Nomad Lands》에서 많은 사람들이, 이런 저런 이유로 삶의 터전을 잃고, 트레일러에서 살게 되면서 한곳에 정착하지 못하고 끊임없이 대륙을 옮겨가며 살아가는 이야기를 읽었다. 세계 곳곳에서 아사로 매일 죽어가는 이야기까지는 언급하지 않는다 해도, 세상에서 부호국 중의 하나인 미국 내에서 홈리스의 삶 외에도 이렇게 트레일러에서 끊임없이 이동하며 살아가는 삶이 있다는 걸 읽고 적잖이 놀랐다.

몇 년 전부터, 스탠포드 대학 주변 '엘 카미노' 거리에 수많은 RV 자동차들이 즐비하게 주차되어 있는 걸 보았다. 이들은 그래도 직장이 있고, 먼 거리에 주택도 있으나 직장 근처의 비싼 아파트 렌트를 감당할 수 없어, RV 자동차에서 기거하며 직장에 다니는 사람들이라고 들었다.

홈리스는 추운 동부를 비롯한 미국 전역에도, 그리고 캘리포니아에도 수없이 늘어나서 큰 문제가 되고 있다. 샌프란시스코 시내의 어떤 특정 지역은, 마음 편히 활보하기도 괴로울 정도로 대낮에도 약이나 술에 취한 노숙자들이 보도 한가운데까지 즐비하게 누워 있다. 가난은 나라도 못 구한다는 말이 있듯이, 정부에서도 감당을 못 해낼 정도로 심각한 상황이다. 특히 뉴욕이나 캘리포니아의 특정 지역은 주거비가 너무 비싸서, 상황이 나빠지면 처음엔 차에서 지내다가 종국엔 거리로 나앉게 되면서 홈리스가 된다. 아리엘은 그래도 낡았지만 아직 차가 있고, 고가의 세발 전기차를 두 대나 주문할 정도이니, 길거리에 누워 지내는 홈리스에 비하면 그래도 나은 편이다.

오늘 또 남편이 아리엘의 새 소식을 들고 왔다. 잇몸에 암으로 보이는 종양이 발견되어, 바이옵시(생체검사)를 해야 된다는 놀라운 뉴스다.

아리엘(5)

오늘은 아리엘의 파란 헌 차가 도서관 쪽을 향해 맨 끝자리에 세워져 있고, 그의 하얀 세발 자동차가 달라진 모습으로 반대편 자리에 세워져 있는 게 눈에 들어왔다.

솔라 시스템인지 작은 차 지붕위로 검은 판들이 덮여 있고, 사진에서 보여 주던 잠도 잘 수 있을 만큼 큼지막했던 하얀 트레일러 대신, 검은 색의 작은 메탈 컨테이너 같은 게 달려 있다. 저차로 무엇을 하려는지 모르겠다. 물건을 뒤 트레일러에 싣고 무슨 장사라도 시작하려나, 무슨 용도로 저 고가의 세발 차를 사서 컨테이너를 달았을까. 아직도 몸도 제대로 못 펴는 저 파란 차 안에서 자는지, 아니면, 하얀 세발 차 안에서 앉아서 자고 있는지 알 수 없다. 지난번, 내 생각을 말한 후 이제는 자꾸 저 하얀 세발 차에 대해 묻기가 망설여진다.

오늘 도서관에 들어서면서 아리엘을 보니, 후드를 벗은 머리가 거의 대머리다. 이제 곧 58세가 되니, 예전 같으면 환갑을 바라보는 노인이다. 나를 볼 때마다, "이제 곧 일을 찾을 거예요." 말한 게 벌써 다섯 달째다.

그 아리엘이 오늘도 두 번째 컴퓨터 앞에 비석처럼 앉아 있다. 지난번, "네 잇몸에 문제가 있다더니 어떻게 되었냐?" 물었더니 아직 검사를 해야 되는데, 이제는 자기가 갖고 있는 보험으로 눈도 치아도 다 커버가 안 된단다. 물어보았자, 아무런 해결도 안 되는 아리엘의 문제들이다.

들고 온 $20짜리 지폐 한 장을 꺼내 건네는 손을, 아리엘이 덥석 잡으며 얼굴을 내 손에 묻을 듯이 가져다 댄다. 그 파란 차 안에서 뿜어 나오던 악취의 기억 때문에, 비록 일주일에 3번 YMCA에 가서 샤워를 하고 온다 해도, 나도 모르게 흠칫 손을 움츠리게 된다.

아리엘이 요즘은 나를 볼 때마다, 예전처럼 벌떡 일어서서 도서관 뒤 주차장 자기 차 옆까지 성큼성큼 앞서서 걸어 나서지 않는다. 천만다행이다. "참 네 세발 차에 솔라 시스템도 한 것 같고, 뒤에 트레일러 같은 것도 달았던데, 이제 그 차로 무엇을 할 건데?" 묻고 싶은 걸 꾹 참는다.

언젠가, 남편과 함께 도서관을 떠나며 아리엘의 차로 들렀을 때, 8시도 되지 않았는데 아리엘이 예전과 달리 차 안에 불편하게 구겨진 듯 누운 채, 제대로 정신을 못 차리고 있었다. "오늘 몸이 좀 안 좋아요. 지금 완전히 녹초가 됐어요." 아리엘이 머리를 가까스로 들어 올리며, 겨우 말했다. "뭘 좀 먹었어요?" 물으니, 고개를 끄덕이는데, 먹은 것 같지가 않다. "일어나지 말고, 그대로 쉬어요." 말하고, 우리는 곧장 목요일마다 푸드 페스티벌이 열리고 있는 스테이트 스트리트로 향했다.

거기서 즉석에서 만드는, 고기가 안 들어간 따뜻한 랩 샌드위치를 한 개 싸 달래서, 다시 서둘러 도서관 뒤 주차장으로 간 적이 있다. 아리엘은 여전히 깜깜한 차 안에 몸을 구부리고 죽은 듯이 누워 있다. "여기 샌드위치예요, 따뜻할 때 좀 먹어요." 드링크와 함께 랩 샌드위치를 건넸었다.

그 이전에는 세이프웨이(Safeway: 주로 미국 서부에 있는 시장 이름)에 들러 그가 좋아하던 케일이 많이 섞인 샐러드와 드링크와 칩스를 사다 주기도 했다. 양쪽 발에 각각 다른 샌들을 신고 있는 걸 보고, 신발 사이즈를 물어, 타겟에 가서 운동화랑 양말을 사다 주기도 했다.

그런데 언제부터인지, 요즘은 그에게 그냥 지폐 한 장을 건네주고 있다. 어떤 때는 도서관 컴퓨터 앞에 앉아 있는 그를 그냥 지나치고 오기도 한다.

예전처럼 아리엘 때문에 전전긍긍하지 않게 된 자신을 돌아본다. 딱히 이렇다 할 이유가 생긴 것도 아니어서, 그를 보아도 이렇게 마음이 편안해진 원인들을 생각해 보았다.

첫째로, 기온이 낮게 떨어지고 비가 자주 내리던 겨울이 지났고, 둘째로, 번듯한 고가의 세발 차가 그가 원하던 대로 솔라 시스템도 해 달고, 또 무엇에 사용되는지는 몰라도 뒤에 컨테이너 트레일러까지 단 걸 보니, 그의 형편이 우리가 생각하던 것보다 괜찮아서 안

심이 되었고, 셋째로, 그렇게 20년을 살아왔으니, 나름대로 노하우에 이른, 중년을 넘긴 아리엘의 삶을, 본인이 아니면 누구도 변화시킬 수가 없다는 깨달음에 이른 탓이다. 게다가 무엇보다 아리엘의 삶을 안타까워하며 애를 태우기엔 우리들 스스로가 너무 허약하고 연로하다는 현실도 받아들이게 된 것일까. 여하튼 요즘 들어 그가 염려되고 걱정스러워 밤길을 오가며 애타하지 않게 되어, 한결 감사한 마음이다.

아리엘(6)

　날이 많이 풀려 가벼운 걸음으로 도서관으로 들어섰다. 오늘도 아리엘이 도서관 두 번째 컴퓨터 앞에 그림자처럼 앉아 있다. 오늘 따라, 아리엘이 새롭게까지 보인다. 남편의 말대로 무슨 연구를 하고 있다면, 언젠가는 무언가를 발표하게 될지도 모른다. 아니면, 자신의 눈에 대한 획기적인 치료 방도라도 찾아낸다면, 더 바랄 나위가 없는 일이다. 밖에서 보는 타인이 한 사람의 삶을 어떻다고 규정짓기는 어려운 일이다. 그런데도, 이틀 전, 페이스북에 실렸던, 어떤 분의 기사가 머릿속에 남아서, 아리엘의 삶과 비교가 되어 오늘 따라 아리엘을 눈여겨보게 된다.

　기사를 낸 그분도 3년 동안 차 안에서 생활하면서 바닥의 삶을 헤매다가, 다시 일어선 이야기인데, 그 포스팅을 자세히 다시 읽어 보려고 했으나, 찾을 수가 없어 기억나는 대로 쓴다. 그는 13년 동안에 11번 도전에 실패한 젊은이다. 결국엔 아파트에서도 쫓겨나고 은행 잔고가 제로가 되었다. 고심 끝에 그는 로스앤젤레스 어느 지역으로 가서, Lyft와 Taxi를 각각 하루에 7시간씩 드라이브 하는 일을 시작했다. 맨 처음 그가 한 투자는, 헬스클럽(Fitness Center)에 매달 $98의 Fee를 지불하고, 아침마다 샤워를 한 일이다. 그리곤 새벽 6시 반부터 하루 14시간씩 7일간 차를 몰며, 다시 일어서게 되었다는 청년의 이야기이다. 혹시라도 그 기사를 아리엘에게 보여 준다면 도움이 될지, 아니면 자극이 될 수도 있지 않을까 싶은 포스팅이었다.

    요즘 나는 도서관에 앉아 있는 그를 보아도 그냥 지나치게 된다. 그런데 그 청년의 기사를 읽은 탓일까, 계절이 변하고 해가 바뀌어도, 하루도 빠지지 않고 아리엘이 그토록 컴퓨터를 들여다보고 있는 게 도대체 무엇일까 궁금해서, 진열장 뒤쪽에 걸음을 멈추고 아리엘의 어깨 너머로 컴퓨터 화면을 넘겨다 보았다. 다른 날은 화면이 어두워서 잘 볼 수가 없었는데, 의외로 화면이 선명하게 눈에 들어왔다. 신나는 올림픽 경기가 한창 진행되고 있는 화면이다. 컬러풀(colorful)한 유니폼을 입은 선수들이 금메달 은메달을 향해 몇 년 동안의 기량을 다 쏟아 경기에 올인 하고 있는 올림픽 장면이 아닌가! 아리엘에게도 도서관 컴퓨터 앞에서의 20년의 삶에서 과감히 뛰어 일어나 새롭게 도전할 수 있는 어떤 계기는 없을까. 웬일인지 한숨이 터져 나올 것 같아 애써 입을 다물며, 답답하고 안타까운 마음으로 도서관을 떠났다.

아리엘(7)

우리 동네 곳곳에 심어진 차이니즈 피스타치오 나무들이 어느덧 빨갛게 변하기 시작했다. 도서관에 들어서면서, 빌려 온 책들과 비디오들을 반환하고 안으로 들어가며 버릇처럼 컴퓨터 섹션을 건너다 본다.

아리엘이 오늘도 제자리에 없다. 지난번에도 아리엘을 만나면 주려고 지폐 한 장을 웃옷 주머니에 넣고 왔었는데, 웬일일까? 늘 그가 앉곤 하는 자리가 오늘도 비어 있다. 혹시 어디가 아픈가. 아님 어디 일이라도 다시 하기 시작했나?

도서관 안쪽 내가 주로 앉는 자리로 걸어가 창문에 드리워진 블라인드를 조금 옆으로 밀고 주차장을 내다보니, 아리엘의 파란 차가 코너 그 자리에 건재하다. 요즘은 도서관에 자주 못 오기도 했지만, 아리엘과 대화를 나눈 지도 꽤 오래됐다.

하얀 세발 자동차에 메탈 컨테이너도 달았고, 솔라 시스템을 끝낸 지도 한참 지났는데, 그 차를 무엇에 쓰고 있는지 아직도 물어보지 못한 채다. 블라인드를 내리고, 바로 옆에 진열된 한국 섹션을 돌아보니 일본작가들의 번역물이 몇 권 새로 보이고, 수키 킴이란 한국 작가가 쓴 《통역사(Interpreter)》란 신간이 눈에 띈다. 빨간 책 표지에 꼭 중·고등학교 시절의 내 사진을 찍어 놓은 듯한, 교복 차림의 단발머리 소녀가 찍힌 책이다. 얼핏 보면 정말 딱 내 사진을 보는 듯한데, 눈 앞에 치켜들고 자세히 보니, 나와 다르게 갸름하고 꽤나 예쁜 소녀다.

컴퓨터도 아이패드도 안 들고 들렀던 차라, '통역사'와 비디오 두어 개를 대여해서 나오다가 혹시나 싶어 아리엘의 차가 있는 뒷주차장으로 향했다.

뜻밖에 아리엘이 차 문을 열어 놓은 채, 앞 운전석에 앉아서 무언가 하얀 종이에 그려진 도표 같은 걸 읽고 있다. 자동차 안은 예전보다 더 지저분하고, 운전대 아래까지 발 둘 자리조차 없이 꽉 차 있다. 다시 엔진을 고쳤는지, 지난번 해고당한 이후에도 가끔 이 자동차가 제자리에 없곤 해서, 아직도 움직이는 것이 믿을 수 없을 정도로, 오늘은 험하기가 더 이를 데 없다. 좌석에 구겨지듯 앉아 있는 아리엘에게, "하이" 하며 주머니의 지폐를 건넸다. "오랜만이네. 그간 별일 없었나?" 하고 입을 뗐다. "벌써 날도 추워지는데, 이렇게 좁은 공간에서 몸도 못 펴고, 또 겨울을 맞게 생겼네, 내가 하는 말 기분 상해하지 말아요. 그 비싼 세발 차는 어디에 쓸 건지 물어도 돼? 너무 궁금해서"라고 속을 털어 놓았다. 답을 못하고 멍하니 쳐다보는 아리엘에게, "오클랜드에 사는 동생은 어떻게 생각해?" 답답한 나머지 내가 그의 여동생까지 언급했다. "오, 그 차는 나중에 종교적인 목적으로 쓸려고 해요." 한참 잠잠하던 아리엘의 대답이다. "종교적인 목적으로?" 내가 의아해서 눈을 둥그렇게 뜨는 걸 보더니, "기독교인이세요?" 아리엘이 묻는다. "혹시 요한 계시록 13장 읽었어요?" 아리엘이 이어 말을 계속했다. "이제 머지않아 미국이며 온 세상이 다 멸망할 때가 오는데, 그때 그 차를 쓸 때가 올 거예요. 그래서 필요한 부품을 또 주문했어요." 아리엘의 대답이다.

나는 전기에 감전이라도 된 듯 머릿속이 하얘져서 할 말을 잃고 멍하니 아리엘을 내려다보았다. 이제 다 제자리로 끼워 맞춰지는 느낌이다.

결국 이단 종교에 젖어서, 세상과 현실을 부인하며 마지막 날 다 멸망할 때, 그 작은 전기 세발 자동차가 자기를 구원해 준다는 믿음 속에 빠져 있는 아리엘! 우리는 잠시 둘 다 말을 잃고 서로 멍하니 마주 바라보았다. 나는 머릿속이 하얘진 채로 그리고 아리엘은 외출 차림으로 마주 선 나를, 마치 딴 세상에서 온 외계인 같은 붉은 눈길로 담담히 올려다보았다.

** 아리엘의 최근 상황(Postscript)

지난 감사절 즈음, 남편이 도서관에 다녀왔다. 나도 꽤 한동안 도서관 출입을 못 하고 있던 차다. 밤이면 기온이 최저 38도까지 내려가기도 하는 요즘이다. 때로는 비까지 내린다. 아리엘의 힘든 밤 형편이 시작된 것이다. 그날 남편이, 6개월 후엔 아리엘의 시력이 악화되어 운전면허를 잃게 된다는 답답한 소식을 들고 왔다. 5월 5일에 60세가 되며 시력 검사 때, 운전 통과가 안 되는 탓이다. 듣고 보니, 헌 큰 차 대신 작은 세발 차를 산 것이 다행이란 생각이 든다. 세발 차는 자전거에 속하므로 운전면허가 필요 없기 때문. 그래도 온갖 잡다한 그의 담요며 살림들이 트렁크와 차안에 터지도록 쌓여 있었는데, 그의 집 같은 그 차를 없애면 어떻게 될지 답답한 일이다. 움직이지 않는 차를 도서관 주차장에 세워 두게 할지도 알 수 없는 일이다. 여전히 도서관 두 번째 컴퓨터에 앉아, 요즘은 커다란 둥근 확대경으로 화면을 보기 시작한 아리엘… 이제는 그 작은 세발 차가 그의 새 주거지가 된 것.

감사절 카드를 아리엘에게 건네고 왔다는 남편의 얼굴을 내가 멍하니 마주 바라보았다.

제6장

1. 지옥에서 천국으로

"저희 엊그제 지옥에서 천국으로 이사 왔어요." 한동안 뜸했던 김 교수님에게서 날아온 소식이다. 교수님은 커뮤니케이션 분야 은퇴 교수로 파킨슨 병으로 고생하는 아내를 여러 해 동안 간호하고 계신다. 그러다 본인이 뇌졸중으로 1년 반 전 아들이 사는 근처 시애틀 요양원으로 갑작스레 들어가셨다.

5명의 환자가 멤버인 개인 요양원으로 옮겼는데, 그 요양원의 삶에 채 적응도 하기 전 바로 건너편 방에 거주하던 NASA 엔지니어 출신이신 분이 들것에 실려 나간 후, 영영 돌아오지 않는 일을 목격했다고 하신다. 5명의 환자 중 한 명이 숨졌지만 아무 일도 없었다는 듯 그 다음 날도 나머지 4명의 방으로 환자가 먹는지 마는지, 로봇처럼 세 끼 밥그릇을 들여 놓고 들고 나가는 로봇하우스 같은 요양원. '지옥'과 다를 바 없다고 괴로워하시던 그 열악한 요양원에서 얼마나 더 계셔야 하나, 멀리서 답답해하던 중 날아온 반가운 소식이다.

교수님이 그 '지옥' 같았던 요양원에서 이제까지 버텨 낼 수 있었던 것은 젊은 날의 꿈이었던 그림 그리기에 몰두하셨기 때문이 아닐까. 그는 불편한 손으로 수많은 수채화를 그려 내며 삶의 끈을 놓치 않으셨다. 지난 여름에는 그분의 주옥 같은 그림을 아끼던 미술 교수들의 주선으로, 은퇴 전 가르치셨던 마운트 버넌 나자린 대학교(Mount Vernon Nazarene)와 고향 제주도 용담 문화센터에서, '마지막 불꽃'이란 주제로 전시회도 가졌었다.

** 다음 페이지의 '천지 창조' 그림은 김 교수님이 그리신 여러 그림 중 하나이다. 성시연 지휘자의 '천지창조' 연주를 오케스트라 멤버들과 연주자들 하나하나 그리고 가사까지 다 써 넣으시고 그렸던 교수님의 작품이다. 중앙일보 신문엔 게재하지 않았던 그림으로 내 컴퓨터에 소중하게 간직하고 있는 교수님 작품들 중의 하나를 소개한다.

그분이 드디어 '천국'으로 이사하셨다는 소식이다. 몸이 불편한 사람들의 생활을 도와주는 시설인 노스헤이븐(North Haven) 생활보조 센터로 들어가신 것.
40여 명이 식당에서 함께 식사를 하고 3층 방 창문 밖으로 자동차들과 사람들이 왕래하는 것을 내다볼 수 있고 밤에는 반짝이는 밤하늘의 별들을 바라볼 수 있다고 감격하신다.
그곳에서 일하는 아프리카에서 온 나자렛과 인도에서 온 파마인더, 엘 살바도르에서 온 제니퍼 등 천사 같은 3명의 도우미들의 초상화와 함께 교수님의 미술 클래스가 스케줄에 들어간 팸플릿도 보내 주셨다.

성시연 지휘자의 "천지창조 연주 장면"

체크무늬 반소매 셔츠 차림으로 회원들에게 그림을 가르치시는 교수님의 모습에서 그분의 열정적인 옛 모습이 확연하다.

언젠가는 우리가 모두 다 가야 할 길. 인생의 어느 지점에 도달하면 더는 정상적인 삶을 이어 갈 수 없는 때가 올 것이고, 그때 더러는 노인단지를 거쳐 양로원의 삶을, 혹은 선택의 여지도 없이 요양원에서 서글픈 여생을 맺게 될지도 모른다. 교수님은 졸지에 요양원을 미리 경험하시고, 도움(Aid)을 받으며 살아가는 시설로 다시 되돌아오신 것.

지옥 같은 삶을 경험하셨기 때문에 노스헤이븐 시설이 천국처럼 감격스러운 김 교수님. '천국'에 입성하신 것을 교수님과 함께 기뻐하며 '천국'의 의미에 대해 다시 한번 깊이 음미해 본다.

중앙일보 (LA 판/2022): "이 아침에"

2. 미니 콘도에서의 삶

1층 정문 근처에서 만난 90대의 할아버지 프렌치가 "하이" 하며 반긴다. 몇 달 전 넘어져 한동안 고생했다던 기억이 나서 물으니 올해 들어 더 쇠약해진 프렌치가 "좋아지고 있어요" 하고 미소로 답한다. "지금 우리 '트레이더 조'로 장보러 가는데 뭐 필요한 거 없어요?" 물으니 "그럼 딸기 한 팩만 부탁할게요." 한다.

프렌치와 그의 아내 마지는 우리와 각별하다. 우리가 이곳 로스 알토스로 이사 온 지 얼마 되지 않아 HOA(주택 소유자 협회)에서 2층 베란다 페인트를 새로 한다고 베란다를 비워 달라고 했었다. 그때 나는 크고 작은 20여 개의 화분을 갖고 왔었는데, 그걸 다 치워야 할 판이었다. 저 화분들을 방안으로 다 들여놔야 하나 난감해하는데 마지가 선뜻 자기 집 데크로 내려다 놓으란다. 자기네 화분 물 줄 때 물도 줄 테니 걱정 말라면서… 그렇게 우리는 마지네와 가까워졌다. 장을 보고 돌아오니 반쯤 열어 놓은 마지네 문 앞 탁자 위에 1달러짜리 지폐 대여섯 장이 놓여 있다. "여기 딸기 왔어요." 하니 마지가 탁자 위를 가리키며 딸기 값이라고 한다. "선물이에요." "그러면 더는 부탁을 못 하잖아요?" "고작 딸기 한 팩인데, 다음에 두 팩 사면 받을게요…" "지난번 쌀국수 한 박스도 너무 고마웠는데…"

팬데믹 직전까지 댄스 클래스로 춤을 추러 다니던 멋쟁이 마지가 팬데믹 3년여 동안 놀랄 정도로 굽어진 등을 벽에 의지하며 환히 웃는다. 샌프란시스코의 큰 콘도 빌딩에서 살다가 단 7세대가 사는 이곳 초미니 콘도로 이사 온 것이 벌써 4년을 넘기고 있다. 콘도 빌딩 앞에 우편물이 있으면 누구든지 처음 우편물을 본 사람이 현관문 안으로 들여놓아 준다. 쓰레기 수거 날엔 6층에 사는 중학생 핵터가 지하 주차장에서 리사이클 수거통들을 길가로 올려다 놓고 다시 빈 통을 내려다 놓곤 한다. 지난 HOA 미팅 때 핵터에게 감사의 뜻으로 기프트카드(Gift Card) 선물을 주기로 결정했었다.

처음 이사 왔을 때 적응이 안 돼 불편하던 이 작은 콘도가 나는 점점 좋아진다. 10년 동안 살았던 300세대 가까운 샌프란시스코 옛 콘도에는 옥외 수영장, 헬스장, 바비큐 시설, 컴퓨터 룸, 커뮤니티 센터 등이 있고 프론트 데스크엔 항상 스태프가 있었으며 우체부가 직접 건물 안 각자 우편함에 우편물을 넣어 주는 등 다 편리했었다. 게다가 매년 연말에는 거하게 주민파티를 열곤 했었다. 그러나 그 날만 지나면 팬데믹 삶의 예행이라도 하듯 6피트 이상의 거리를 지키며 서로 나눈 인사가 급히 스치며 하는 "하이"가 고작이었다.

나는 서로 가족처럼 챙겨 주며 더불어 살아가는 총 7가구 미니 콘도에서의 삶이 더 없이 즐겁고 행복하다.

중앙일보 (LA 판/2022): "이 아침에"

3. '치카를 찾아서'

'치카를 찾아서'는 《모리와 함께한 화요일》을 쓴 밋 미치 앨봄의 메모아다. 2010년 아이티(Haiti) 대지진 때 엄마는 죽고 고아가 된 치카는 3살이 되었을 때, 아이티의 수도 포르토프랭스에서 미치 앨봄이 운영하기 시작한 보육원의 가족이 된다. 그러나 그 보육원을 생기로 가득 채웠던 활달한 치카가 다섯 살이 되었을 때 희귀종 뇌종양(DIPG) 진단을 받게 된다. 어린아이에게만 생기는 뇌암으로 생존율이 제로이며 아이티에선 치료조차 어려운 희소 암이다. 결국 미치와 아내 재닌은 치카를 미국 미시간 집으로 데려와 아이를 살리기 위해 온갖 치료를 시작한다.

6개월 시한부 판정을 받은 상태에서 미시간의 모트 어린이 병원(University of Michigan C.S. Mott Children's Hospital)을 기점으로 시작된 21개월의 투병생활. 뉴욕의 슬론 케터링(Sloan Kettering) 병원을 비롯해 소아 뇌종양(DIPG) 전문의를 찾아 독일까지 세 번이나 오가며 자가면역세포 주입치료까지 받는다. 그 모든 치료에도 불구하고 한쪽 다리가 약해져 제대로 걷지도 못하고 왼쪽 눈이 감기지 않고 한쪽 입꼬리가 내려앉는 상황이 반복된다. 결국 휠체어에 앉아 고개도 가누지 못하고 말도 못하게 된 상태에 이르고 위에 튜브를 연결하여 영양을 공급받다가 7살 생일을 마지막으로 생을 마감한다.

내가 이 책을 계속 읽지 못하고 책을 잠시 접게 되었던 부분은 치카의 눈에 붙인 하얀 테이프 대목이었다. 눈이 감기지 않아 안구 건조를 막기 위해 테이프를 붙여 잠을 재우며 그 애처로움에 우는 장면이다.

우리는 때로 이처럼 이해할 수도, 감당하기도 힘든 삶을 목격한다. 오래전 뉴욕주 주도 올바니 교회의 젊은 유학생 부부에게 생겼던 일이다. 갓 태어난 아기의 심장 판막이 제대로 닫히지 않아 손바닥만 한 자그마한 핏덩이에 여러 개의 주삿바늘들이 꽂힌 채 인큐베이터 안에서 시작된 삶. 7일 후에 바늘들은 뽑혔으나 집으로 돌아가는 대신 마지막으로 부모의 품에 안겨 세상을 떠나 보내야 하는 순간을 맞게 된다. 아빠는 그 상황을 감당하지 못해 아기를 받아 안지를 못하고 엄마가 흐느끼며 아이를 품에 앉았다. 후회되지 않게 아빠도 마지막으로 품 안에서 보내 주라는 우리들의 권유로 마침내 아빠가 아기를 받아 안았고 곧 아기는 아빠의 품 안에서 마지막 숨을 몰아쉬며 이 세상을 떠나갔던 눈물겨운 아픈 기억이다.

5살의 어린 몸으로 치열한 고통을 견뎌 내며 미치에게 자기를 얼마나 사랑하느냐 묻던 치카의 삶과 며칠간의 인큐베이터 삶을 맞으려 9개월간 엄마의 뱃속에서 기다렸던 신생아의 두 삶을 감히 헤아려 본다.

결국 우리는 모두 죽음을 향해 부단히 달려가야 하는 경기자들이다. 누구도 거슬러 되돌아가지 못하고 계속 달려야 하는 일방 통행의 길. 치카는 7년의 삶 속에서 혈육을 초월한 사랑을 남기고 달린 장한 어린 선수였고, 신생아는 7일 간의 짧은 경기를 달려 엄마 아빠에게 쓰라린 사랑의 씨를 남겨 주고 갔다. 70대 후반을 바라보는 나는 어떤 의미와 어떤 여운을 남기며 마지막 남은 삶의 여정을 달려가야 할까. 쉽게 해답이 나오지 않는다.

중앙일보 (LA 판/2022년): "이 아침에"

4. '플랜 75'

'플랜 75'. 동창 채팅방에서 읽은 일본 영화 제목이다.

최근 일본에서 개봉한 하야카와 치에 감독의 데뷔작으로 칸 영화제에서 신인상에 해당하는 '카메로 도르 특별 언급상'을 수상했다는 영화이다. 이 영화는 일본의 미래를 위해 고령의 노인들에게 죽음을 권장한 이야기가 골자다. 즉, 75세 이상의 국민이라면 누구나 스스로 죽음을 선택할 수 있도록 하는 법이 국회를 통과하고, 국가에 죽음을 '신청'하면 '플랜 75'법에 의해 죽음을 허용해 주는 제도가 도입되는 것이다.

2025년이 되면 일본 인구 5명 중 1명이 '후기 고령자'가 되고 노인을 위한 의료비, 사회보장 비용 폭증과 노동력 부족으로 국가 경제가 흔들리고 노인으로 가득 찬 일본은 활기를 잃은 국가로 낙후하게 될 것이라는 전망 때문이다. '플랜 75'는 이러한 일본의 사회문제의 해결책으로 도입된다. 담당 공무원들이 공원으로 노인들을 찾아 '플랜 75'를 권유하러 다니고 가슴을 털어 놓을 수 있는 콜센터까지 등장한다. 나아가 정부는 '플랜 75'를 선택한 이들에게 10만 엔을 주어 마지막 온천 여행을 즐기라는 여행상품까지 언급한다.

영화 후반부에 나오는 뉴스 멘트가 더욱 섬뜩하다. "정부는 '플랜 75'의 성공여부에 따라 '플랜 65'도 검토하고 있습니다."라는 멘트다. 영화는 "당신은 살겠습니까?" 관객에게 물으며 끝을 맺는다.

아이러니한 것은 '플랜 75'가 실렸던 나의 그 동창 채팅방으로 하루가 멀다 하고 올라오는 온갖 '건강식 및 100세 살기 운동'에 관한 '퍼온 글'들이다.

이웃나라에선 노인들이 너무 오래 살아서 이제는 그만 죽어 달라고 법까지 제정한다는 내용의 영화를 만드는 판인데 75세를 넘긴 내 동창들은 만병통치 '퍼온 글'들을 지치지도 않고 퍼올린다.

하루 들깻잎 10장이면 치매 방지, 하루에 양파와 고구마 반 개면 회춘, 스트레스엔 바나나, 구역질엔 생강, 위궤양엔 양배추, 혈압을 낮추는 덴 건포도, 곰팡이 감염 억제엔 마늘 등등 리스트가 끝도 없다.

노인들이 이 건강식들을 다 챙겨 먹고 열심히 100세 살기 운동을 해서 모두 100살까지 산다고 상상해 보자. 끔찍한 그림이다.

불현듯 내가 처음 미국에 와서 영어를 배우러 다녔던 학원에서 만난 일본에서 온 디자이너 마끼꼬 생각이 난다. 그녀는 나를 같은 아시안이라고 동생처럼 챙겨 주었다. 내가 오빠의 졸업연주회에 입고 갈 옷 걱정을 하자 마끼꼬는 내 초록색 한복 치마로 놀랍도록 우아한 드레스를 만들어 주었었다. 그 후 마끼꼬는 일본으로 돌아갔고 헤아려 보니 그녀도 이 '플랜 75'에 족한 나이가 되고도 남았다.

그녀는 이 '플랜 75'를 어떻게 받아들일까?

마끼꼬와 일본 노인들의 바늘방석 같은 삶을 생각하다가 '아, 난 일본인이 아니지', 화들짝 안심하는 내 이기심에 싸아 소름이 돋는다.

중앙일보 (LA 판/2022): "이 아침에"

5. "빌스 마피아"의 경험

추석 즈음 딸과 아들, 그리고 우리 내외 이렇게 4명이 단출하게 LA 풋볼구장인 소파이 스타디움에 다녀왔다. 딸과 아들, 남편은 '빌스 마피아(Bills Mafia)'이다. 나는 처음에, 이 '빌스 마피아'가 유명한 선수의 이름인 줄 알았다. 본 밀러라는 유명 선수가 신문에 "빌스 마피아에게 2022년 NFL(프로풋볼) 킥오프 시즌에 보내는 편지"라는 글을 썼기 때문이다. 내 무지함에 세 손주가 배를 잡고 웃었다고 한다.

폭설 외에는 별다른 게 없는 동부의 매력 없는 도시 버팔로. 이런 환경은 버팔로니언들이 하나로 똘똘 뭉쳐 빌스 팀을 응원하게 만들었고 그 결과 '빌스 마피아'란 이름까지 만들어 낸 것 같다.

호텔에 도착하니 딸의 30년 전 버팔로 친구 찰리가 식당에서 점심을 주문해 놓고 기다리고 있다. 곧이어 아들 나이 또래의 앨버트가 'LA 라구나' 비치에 정착한 부모님과 함께 식당으로 들어선다. 버팔로에서 함께 자라 이제 40대 중년이 된 옛 고향 친구 버팔로니언들과 또 친구들의 부모님을 위해 고가의 호텔 런치로 반겨 주는 고맙고 감격스런 만남이다.

나는 TV에서 풋볼 중계를 하면 방으로 들어가곤 했었다. 농구는 선수들이 몸을 날리는 멋진 슬램덩크(Slam Dunk) 모습도 보기 좋고, 룰도 쉬워서 좋아하는 팀을 힘껏 응원하곤 했었다. 반면 풋볼은 바위처럼 큰 몸뚱이를 서로 부딪치며 계속 시작만 되풀이하는 것 같고, 그 거대한 몸에 부딪치면 얼마나 아플까 하는 안타까움에 보고 싶지 않았던 스포츠다.

한데, 딸이 7월부터 이 NFL(프로풋볼)의 시즌 오프닝 게임을 직접 보러 가자고 노래를 부르더니 이미 내 표까지 다 샀단다. 옳다구나, 나는 이 기회에 LA에 거주하는 동창들을 만나고 올 속셈으로 한 친구에게 연락을 했다. 그 친구는 자기도 슬리핑 백을 챙겨 오겠다며 다른 친구 집에 모이기로 연락을 주고 받았다.

그런데 15살 된 큰 손주의 "어떻게 나 대신 나나(할머니)를 데려갈 수가 있어?"라는 말에, "너는 몇 명 중에 하나이지만, 내 엄마는 하나뿐이야" 답했다는 딸의 말에 감동해서 친구들 만날 얘기를 꺼내지도 못했다.

우리 좌석 앞줄엔 빌스(Bill's) 팬들이 진을 치고, 뒷좌석엔 덴버와 미네소타에서 왔다는 렘스(Ram's) 팬들이 빌스 팬인 남편과 주먹을 마주치며 인사를 나눴다. 그런데 웬일로 지난해 챔피언 렘스가 홈 구장에서 시작부터 제대로 기량을 발휘하지 못한다. 경기는 10 : 0에서 20 : 10으로 빌스가 계속 앞서 갔다. 앞좌석의 빌스 팬들은 자리에 엉덩이를 붙이지도 못 한 채 뒤로 돌아서서, 아들과 남편과 주먹을 부딪치며 목청껏 환호한다. 한순간에 30여 년을 훌쩍 되돌려 아이들은 키즈(kids)로 우리도 펄펄 뛰던 시절로 되돌아가 있었다.

바로 이것이 스포츠의 묘미인가. 생전 처음 본 타인들이 같은 팀 팬이라는 이유 하나로 한순간에 하나가 되어 열광하는 이 진한 맛에 비싼 티켓 값을 지불하고, 이 더위에 이렇게 붙어 앉아 열광하는 것일까.

마침내 전광판이 31 : 10 파랗게 스코어를 밝혔다. 풋볼 룰도 모르던 내가 단번에 '빌스 마피아(Bill's Mafia)'가 되어 버린 순간이다.

중앙일보 (LA 판/2022년) : "이 아침에"

6. 팬데믹과 예술가의 삶

우연히 페이스북에서 우리 내외가 한 젊은 커플과 다정하게 어느 식당 앞에 앉아 있는 사진이 눈에 띄었다.

내용을 보니 2019년 8월 20일, 3년 전 바로 오늘 날짜다. 사라토가 예술 공연 센터에서 연주했던 캄사(Kamsa: Korean American Music Supporters) 어린이 오케스트라 연주의 지휘자로 2년째 한국에서 초청되어 왔던 윤현진 지휘자와 그의 아내 정미선 작곡가와의 만남이었다. 돌이켜보니 팬데믹 몇 달 전이다. 그 후 전 세계가 꿈에도 예상치 않았던 폐쇄된 삶을 3년이 넘게 살아오고 있다. 직장들이 오피스를 닫고 재택 근무를 하게 되었고 교회도 온라인 줌으로 예배를 드리게 되었다. 학교도 물론 다 닫혀서 나의 손녀가 중학교를 온라인으로 졸업하는 색다른 경험도 했다. 이제 3년이 지나 대면 수업이 다시 시작되었다. 그러나 코로나로 인한 학습결손으로 기초학력 내지는 아이들의 사회성 결핍 문제까지 제기되고 심지어 대학 진학률까지 저조해졌다는 뉴스다. 장보러 갈 때마다 하루가 다르게 치솟는 물가며 중산층 이하의 가정에선 감당하기 어려운 엄청난 대학 등록금, 그 비싼 등록금에 준한 대학교육의 가치와 질에 대한 의문까지 거론되고 있다. 한편 IT 계통에 종사하는 사람들은 오히려 4일 근무와 재택근무로도 좋은 성과를 내며 잘 나간다. 빈부의 차가 더 커지는 추세이다.

문제는 우리가 만났던 윤 지휘자와 같은 예술 분야에 속한 연주자들이 감당해야 할 팬데믹 속의 삶이다. 지난 2, 3년 사회 전반에 걸친 폐쇄된 삶으로 누구보다도 힘들게 된 분야는 예술인 특히 무대에 서야 하는 연주자가 아닐까 싶다. 밀집된 실내의 모임이 불가능해져서 모처럼 잡혔던 연주회나 콘서트가 취소되는 기사를 읽을 때마다 가슴이 내려앉곤 했다. 같은 교회에 다녔던 전 샌프란시스코 오페라 멤버이고 메트로폴리탄오페라 명단에 소속된 바리톤 강주원 선생을 비롯한 음악인들과 독일 함부르크 국립 음대 지휘자의 최고연주자 과정을 최우수 성적으로 졸업하고 유럽 유수의 교향악단과 협연, 지휘자로서의 기반을 다진 윤 지휘자 같은 예술인들의 무대가 흔들리고 있는 안타까운 현실이다.

물론 최근 단번에 혜성처럼 세계적으로 우뚝 두각을 나타낸 최우수 피아니스트 '임윤찬' 같은 자랑스러운 예술가도 있다.

그러나, 세계적으로 뛰어난 이 같은 제일인자 외에도 오랫동안 피나는 노력으로 수련을 쌓고 국외와 국내 여러 무대에서 인정을 받은 우수한 젊은 연주자들이 한둘이 아니리라 생각한다. 어쩌면 위드 코비드(Wth Covid)란 말처럼 색다른 바이러스와의 삶이 뉴 노멀(New Normal)이 되는 세상이 도래할지 알 수 없는 일이다. 관

람객의 숫자를 줄이고 모두 마스크를 착용하고라도, 예술가들에게 그들의 역량을 한껏 나타낼 수 있는 무대가 주어지는 어떤 새로운 길이 모색되기를 기대해 본다. 그리하여 그분들의 오랜 노력과 각고의 결과가 아낌없이 발휘되어 일반인들은 음악을 감상할 수 있고, 예술가들에겐 연주가 가능한 기쁘고 즐거운 소식이 곳곳에서 자주 들려오기를 간절히 소원해 본다.

중앙일보 (LA 판/2022년): "이 아침에"

7. '홀로 살기의 의미'

　히스토리 TV 채널에 "홀로(Alone)"라는 서바이벌 프로그램이 있다. 지난 2015년 방송을 시작했으며 10명의 참가자가 캐나다 그리즐리(Grizzly) 마운틴에서 야영생활을 하며 고군분투하는 셀프 다큐멘터리다. 자연에서 스스로 먹을거리와 잠자리를 해결하며 마지막까지 버틴 한 사람에게 50만 달러의 상금을 준다는 서바이벌 다큐 프로그램이다. 탭(포기 버튼)을 눌러 스스로 기권을 할 수도 있고, 치료가 필요해 제외되기도 한다. 최단기 기권자는 2016년 두 번째 시즌 때 곰의 위협으로 6시간 만에 포기한 경우이고, 30세인 후안 파블로 퀸노네즈(Juan Pablo Quinonez)라는 출연자는 78일 동안이나 견디며 나중에 《야생에서의 장기간 생존 방법》이라는 책까지 출간했다. 대학에서 아웃도어 리더십을 공부했고, 10년의 캠핑 경력을 가진 그는 지정된 장소에서 벗어날 수 없는 규칙이 가장 큰 어려움이었다고 토로했다. 굶주림과 외로움이란 인간 생존의 절대 조건을 생각하게 하는 코멘트이다.
　곰이 나타나자 공포로 꼼짝 못 하고 그 자리에 선 채 울기 시작하는 참가자도 있었다. 마지막 탭을 누르기 전에 이들이 느끼는 가장 절실한 공통점은 한결같이 가족에 대한 그리움이었다.

나는 종종 홀로 된 지인들의 삶을 생각해 본다. 수십 년 함께 살던 배우자를 먼저 보내고 어떻게 홀로 매일 매일의 삶을 이어 갈까. 졸지에 광야에 홀로 내던져진 두렵고 아득한 느낌이 바로 이런 경우가 아닐까. 더러는 종교에 의지하고, 더러는 자녀의 위로를 받고, 혹은 새로운 취미 생활을 통해 이를 극복할까? 아니면 그냥 죽지 못해서 '홀로 살기'의 길을 감당해 나가고 있을까?

'같이 있어 주기'라는 광고를 트위터에 올려 화제가 됐던 38세 일본 청년 모리모토 쇼지의 기사를 읽은 적이 있다. 오사카 대학과 대학원에서 우주지구학을 전공한 그는 회사에서 '있어도 그만, 없어도 그만'이란 형편없는 평점을 받는다. 그는 퇴직 후 2018년 6월에 "아무것도 하지 않는 남자인 나를 대여하라"는 내용의 광고를 트위터에 올린 후 놀랍게도 3,000건의 신청을 받게 된다. 그는 이 경험을 토대로 몇 권의 책도 냈고, NHK 다큐멘터리에도 출연했다. 그리고 이 내용은 TV 드라마로도 제작했다.

이토록 그를 필요로 하는 사람이 많았던 이유를 생각해 봤다. 우리는 이제 횡단보도를 걸으면서도 휴대폰에서 눈을 떼지 못하는 사람들 모습에 익숙하다. 이는 매 순간 사회 망에서 소외되지 않았음을 확인해야 하는 내면의 공허감 때문이 아닐까.

식사 때 그냥 앞에 있어 줄 사람, 멀리 이사를 할 때 기차역에서 손을 흔들어 줄 사람, 걱정 없이 속마음을 털어놔도 될 사람을 돈으로 대여하는 세상을 상상해 본다.

테레사 수녀님도 "가장 끔찍한 가난은 외로움이며, 사랑을 못 받는다는 느낌"이라고 말했다. "홀로"라는 상황은 인간의 가장 열악한 생존 조건이며, "홀로" 시리즈 참가자들이 탭을 누르게 되는 이유가 아니었을까.

중앙일보 (LA 판/2022년): "이 아침에"

8. 나를 힘들게 하는 것들

　나는 요즘 전화기 벨 소리를 끄고 지낸다. 처음엔 스팸 전화들 때문에 벨 소리를 작게 해 놓았었다. 그런데 나중에 누구에게서 전화가 왔었다는 정보를 확인하고 필요한 곳에만 리턴 콜을 하는 게 너무 편해 아예 벨 소리를 꺼 버렸다. 딱히 중요한 전화가 올 데도 많지 않아 이렇게 지내기 시작했는데 너무 편하다.

　게다가 요즘 들려오는 소식 대부분이 감당키 힘들 정도로 괴로운 것들이라 차라리 듣지 않는 게 편하다. 멀리는 서울 J님의 잦은 응급 치료 소식, LA에 정착한 절친의 발 수술에 이은 척추 수술 소식, 그리고 4년 전 이곳으로 오면서 알게 된 모 교수님의 전립선 4기 암 소식, 수술을 받았던 뇌에서 피가 비치고 뇌가 부풀어 오르는 위중함 탓에 40일 넘게 릴레이 기도를 하고 있는 S님, 예정했던 척추 수술이 백혈구 이상으로 자꾸 연장되고 있다는 K님의 소식 등 하나같이 안타깝고 괴로운 내용들로, 일일이 다 열거하기도 힘들 정도다.

　그리고 아침 신문에 실린 고국의 소식들도 유쾌하지가 않다. 국민의 혈세로 월급을 받는 정치인들이 마치 상대방을 무너뜨리는 것이 그들에게 부여된 최고의 임무인 양 허구한 날 도가 넘치는 싸움

판을 벌이는 모습 말이다.

또 9개월째 계속되는 우크라이나 전쟁에서 푸틴이 핵무기 사용 가능성을 언급했다는 뉴스. 태국의 '데이케어(Daycare)' 총격 사건으로 24명의 어린이와 12명의 교사가 숨졌다는 뉴스, 허리케인으로 삶의 터전을 잃어버린 푸에르토리코 국민들 소식 등 참담한 내용들도 모두 나를 힘들게 한다.

세상이 늘 이렇게 암담했나. 머리가 핑핑 도는 일상이다. 그런 저런 이유였을까, 며칠 전 잠자기 전 불을 끄기 위해 일어나려다 방안이 팽이 돌듯 어지러워서 침대에 머리를 박으며 쓰러졌다. 그날 낮까지 멀쩡하던 내게 일어난 일이다. 그 어지럼증은 이튿날 밤 또 다시 찾아왔다. 급기야 혹시라도 밤에 혼자 어찌 될까 두려워 딴 방을 쓰던 남편을 내 방으로 오라고 했다.

혹시 내게 문제가 생긴 것일까. 실상 내가 세상의 큰일들 외에 주변의 소소한 일에도 신경을 곤두세우며 사는 편이긴 하다. 식당이나 공공 장소에서 주변을 개의치 않고 큰 소리로 대화를 계속하거나 입을 크게 벌리고 목청껏 웃는 사람들, 혹은 조용한 도서관에서 끝도 없이 대화를 이어 가는 사람들, 모두가 나를 힘겹게 한다.

게다가 요즘 거리에 나가면 민망할 정도로 꽉 긴 트레이닝 바지를 나이에 상관없이 찢어질 듯 끼어 입고 다니는 사람들에게서 받는 불쾌한 스트레스도 만만치 않다.

주변의 감당하기 힘든 암담한 소식에서, 그리고 점점 품위가 사라져 가는 세상에 만연한 뻔뻔함들에서 자유함을 얻을 길은 없을까. 아님 그나마 이 소용돌이에 일일이 반응하는 나의 살아 있음에 감사하며, 순례자처럼 눈을 들어 먼 산을 바라보며 살 것인가.

중앙일보 (LA 판/2022년): "이 아침에"

제7장

C의 스트로크(1)

　C 집사가 스탠포드 팔로 알토 병원 응급실로 들어와 있다는 놀라운 소식을 받았다. 지난 일요일 자세한 설명도 없이, "저희 오늘 교회에 못 가게 되었어요, 혹시나 오셨다가 궁금하실까 싶어…" 간단히 보내 온 C 집사 아내의 메시지다. "저희도 오늘 못 갔는데요. 어디가 편찮으세요?" 나도 간단히 답을 했는데, 나중에 알고 보니 지난주 중, C 집사에게 미미한 스트로크 증상이 있었는데, 대수롭지 않게 있다가 이틀 후인 일요일이 되어서야, 아들들의 권유로 응급실로 들어가셨다고 한다.

　너무 뜻밖의 소식이고 병원 응급실이 우리 집에서 10여 분 가까운 거리이기도 해서 당장 방문하겠다고 했더니, 이렇게 저렇게 오라는 말을 피하신다. 곧 재활 병동으로 옮기게 될 터이니, 그 때 방문해 달랜다. 그러다가 몇 시간 후, 다시 메일이 왔는데, 음식을 식도로 넘기지 못해 코를 통해 음식을 투입해야 하므로, 재활 병동으로 옮기려던 스케줄이 지연되었단다. 증상이 예사롭지가 않아 내가 한사코 환자 당사자가 불편해하시면, 권사님만 병원 복도에서 만나고 오겠다고 우겼다. 그래서 어제 낮에 병원으로 달려갔다.

병원에 도착하니, 권사님이 병동 복도에서 우리를 기다리고 있었다. 병실에는 두 사람밖에 못 들어간다고 권사님은 밖에서 기다리고, 우리만 병실로 들어섰다. 헐렁한 병원 가운을 걸친 채, 코에 튜브를 끼운 채 앉아 있던 C집사가 우리를 보자 금방 얼굴을 일그러뜨리며 우신다. 매사에 철두철미하시고, 분명하시던 그분의 모습이 아니다. 목요일에 약하게 온 증상을 무시하고, 습관대로 테니스와 골프까지 치며 이틀을 지내셨다는 어처구니 없는 C 집사의 말에, "그렇게 헛똑똑이 짓을 하셨느냐"고 한마디 했더니, 또 얼굴을 일그러뜨리고 웃다가, 우시기를 되풀이 하신다.

C 집사는 우리가 6년 전 로스 알토스로 이사 온 후, 지금 D 교회의 교인으로 등록하게 만드신 장본인이다. 몇 교회를 찾다가, 인근의 큰 한인교회에 몇 주 참석한 후, 정식 교인 증명서까지 받은 이후, '시니어 클럽' 모임인 수요 모임에 갔다가, 완전히 턴 오프(?) 되었다. 결국 예전에 안면이 있던 목사님이 시무하시는 D 교회를 방문하게 되었는데 그날 마침 "니카라과" 단기선교 발표를 하는 주일이었다. 선교를 다녀오신 여러분이 다 시니어인 것이 우선 놀라웠고, 몇 년 전 인디애나 주에서 은퇴를 하신 C 집사님께서 처음 30여 명으로 시작해, 현재 87명의 중고등학생과 대학생에까지 이른 색다른 장학생 후원 선교사역이다.

큰 한인교회에서 4, 50대 여 집사님들의 율동과 찬양으로 시작해 극진한 음식 대접을 받으며, 절반쯤 천국 문에 발을 딛고 있는 듯한 전도사님의 설교 등으로 받은 수요 시니어 예배에서의 미묘한 상실감을 단번에 뒤엎어 주었던 시니어 단기선교 발표였다.

그날 당장 그 교회로 나가기로 결정했고, 그 후 니카라과 선교에 동참한 후 바로 그다음 해에 이어, 두 번 연속 니카라과 단기선교도 다녀왔다. 처음 C 집사는 혼자서 자비로 니카라과를 오가며, "데니아"라는 신실한 현지 여자 사역자와 함께 몇몇 관심 있는 교인들과 후원자들의 도움을 받으며, 열악한 엘 파라이소 마을에 장학선교를 시작했고, 지난해 80세를 맞으시면서, 실제적으로 장학 사역 리더 역을 5, 60대 장로님들과 집사들에게 넘기셨었다.

그리고 지난 12월, 새 임원진들과 함께 처음으로 몇몇 청소년까지 포함한 젊은 멤버들과 니카라과 선교를 다녀오셨다. C 집사님은 그때 플로리다로 가족들과 크리스마스 여행 중이었으나, 마음이 니카라과 콩밭에 가 있었는지, 가족들과 쉬는 대신 여행지에서 직접 니카라과로 날아가셨고, 선교팀과 합류하여 4박 5일간의 강행군 단기선교에 동참하고 온 후, 한 달 후인 1월에 스트로크를 당하셨다. 이러한 일정들이 너무 그에게 과로했던 것은 아니었을까. 졸지에 스트로크를 맞으신 집사님을 두고 안타깝게 미루어 본 생각들이다.

집사님과 함께 기도를 마친 후, 대기실에서 기다리고 있는 그분의 두 아들들과 만났다. 큰 아들은 근교 도시, 벌링게임(Burlingame)에 살지만, 작은 아들은 동부 뉴욕에서 달려왔다. 더 안타까운 일은 이 아들들이 모처럼 아버지와 스키를 함께 타려고, 2월 초에 스키플랜을 잡아 놓고 기대하고 있었다는 사실이다.

　재활운동이 시간을 다투는 절대 필요한 조건인데, 식도로 음식물 넘기는 문제 때문에 그 운동들이 지연된다며 그의 아들들이 많이 안타까워한다. 다시 정상적인 활동을 하시며 사느냐, 휠체어에 앉아 살게 되느냐 하는 심각한 문제란다. 우리는 미처 거기까지는 상상도 못했던 터라 더 무겁고 놀라운 마음으로 C 집사님의 병실을 떠나 왔다.

C의 스트로크(2)

음식물을 삼키게 될 때까지, 가족들의 피를 말리는 며칠을 더 스탠퍼드(Stanford) 응급실에서 지내신 후, 드디어 C 집사님이 재활센터로 옮기셨다. OT(occupational therapy), PT(physical therapy) 외에 ST(speech therapy) 등, 오전 8시에서 오후 4시경까지의 스케줄이다.

우리는 4시경 로스 가토스에 있는 재활센터로 두 번째 방문을 갔다. 놀랍게도 집사님의 입이 왼쪽으로 좀 돌아가 있고, 손을 만져 보니, 힘은 있으신데 손을 뒤집는 동작이 쉽지 않으신 것 같다. 나는 그것도 모르고, 동전 대여섯 개를 가지고 가서, 동전을 하나씩 집어 올리는 동작과 동전을 겹쳐 쌓는 동작을 연습해 보시라고, "플랜트 리햅(Rehabilitation)"이란 스트로크 전문 사이트에서 읽은 걸 말씀드렸다. 그 리햅 사이트에서도 이 동전 뒤집기는 어느 정도 회복이 된 이후의 동작이라고 하더니, 정말 쉽지 않아하신다.

다행히 이번에는 지난번과 달리 침대에 앉아 있지 않고, 이동형 테이블 앞에 앉아 계셨다. 그 위에서 손바닥을 위로 올렸다 내렸다 하는 동작도 하고, 다리도 앉은 자세로 발굽을 올렸다 내렸다 할 수 있어 한결 도움이 될 것 같다. 말씀을 하실 때 침을 흘리시는지, 우리 눈엔 안 보이는데, 옆에서 권사님이 계속 휴지로 남편의 입가를 훔치셨다.

예전 스트로크 전에도 식사 중, 밥알 같은 게 남편의 입술에 묻거나 하면 잽싸게 티슈로 남편의 입가를 훔쳐 주고, 심지어는 창문을 통해 들이 비치는 햇살이 남편의 얼굴에 비치면 손바닥을 펼쳐 햇살을 가리려고 애를 쓰시던 자상한 권사님이시다. 그분의 입가에 조그만 뭔가가 묻으면 내가 "권사님! 할 일이 생겼네."라고 놀리기까지 했었다. 그런데, 이제는 농담을 할 계제가 아니다. 보고도 못 본 체했다. 말씀도 어눌하시고 자칫하면 온 얼굴을 일그러뜨리며 울보가 되어 버린 그분의 모습이 우리의 가슴을 무너지게 한다. 재활병동을 뒤로하고 주차장으로 향하는 우리 마음이 천근만근이다.

C의 스트로크(3)

 C 집사님이 재활병동을 떠나 퇴원하신 지 두 주쯤 되어 간다. 며칠 후부터는 집에서 재활 운동 세 가지를 시작하게 된다. 재활 운동이 없는 주말에 집으로 방문하고 싶다고 메일을 보냈더니, 놀랍게도 집사님이 밖으로 나와 식당에서 만나고 싶다고 답이 왔다. 하긴 처음 응급실로 들어 가신 후 재활 병원으로 옮기셨다가, 집으로 퇴원하기까지 꽤 오랜 시간이 지났으니, 얼마나 답답하셨을지 짐작이 되고도 남는다. 그래서 당장 수, 목, 금요일 중에 수요일에 만나기로 약속을 잡았고 바로 오늘이 그 수요일이다.
 식당 주차장에 도착해서 얼마 지나지 않아, 바로 옆 빈 자리로 권사님이 차를 몰고 들어왔다. 차에서 내려 패신저(Passenger) 사이드 쪽으로 남편과 내가 돌아가니, C 집사님이 차문을 여는 남편을 반긴다. 권사님이 뒤 트렁크를 열고, 접히는 워커를 꺼내 들고 오셨다. 가볍고 무겁지 않는 워커를 C 집사님께 건네주자, 집사님이 워커를 몸 앞으로 가깝게 대게 하고, 몸을 돌려 익숙하게 핸들을 잡고 몸을 일으켜 차에서 내리신다. "잘 하시네요. 언제 이렇게 익숙하게 연습이라도 하신 것 같아요." 하며 우리 넷이 뒤서고 앞서며 식당으로 들어섰다. 여러 번 우리들이 혹은 다른 분들과 함께 가곤 했었던 식당이다. C 집사님이 워커를 집고 주섬주섬 식탁 사이로 걸어 들어와 워커를 접어서 카운터 옆 사이로 밀어 넣고, 맨 바깥쪽에 자리를 잡고 앉는 모습을 보고 있자니, 코가 찡하다. 오늘 따라 늘 우리를 웨이트 하던 "미미"가 아니고, 낯이 설은 새 웨이트리스가 주문을 받는다.

우리와 달리 미식가이며 고기를 좋아하시는 C 집사님이지만 간단히 떡갈비를 에피타이저로 시키고, 미역 갈비탕을 두 남자가, 나는 국밥, 권사님은 와규 순두부를 시키셨다. 늘 붐비는 식당이어서, 1시에나 겨우 예약이 가능해서, 집사님은 시장하셨는지, 예전처럼 식사를 잘 하셨다. 이 식당에서 점심을 한 후엔 늘 길 건너, 파리바게뜨로 가서 커피를 마시곤 하는 절차였는데, 권사님이 오늘은 여기서 끝내자고 하신다. 서운해서 "커피를 하고 가셔야죠" 했더니, C 집사님도 "물론 커피 마시러 가야지!" 하신다. 우리들은 차를 몰아 길 건너 파리바게뜨로 자리를 옮겼다.

햇살이 환히 들이 비치는 파리바게뜨 식탁에 들어와 마주 앉으니, 오늘따라 서로의 얼굴에 가득한 연륜이 올올이 드러난다. "우리 좀 언제 가까운 데로 함께 크루즈 여행이라도 다녀와요." 내가 또 철없이 크루즈 얘기를 꺼냈다. 권사님이 내 말을 듣더니, 보통 재활운동 결과가 6개월 후면 어느 정도 안정단계라고 하며, "7월쯤?" 하신다. 벌써 3월 중순이긴 하지만, 7월! 너무도 요원하게 느껴지는 시간이다. 집사님이 오랫동안 혼자 애쓰시며 일으켜 세운 니카라과 단기선교가 예정된 날짜도 7월이 아니었나? 치유가 되시면, "크루즈보다는 니카라과 선교가 단연 먼저!", 물을 것도 없는 우리들의 바람이다.

C의 스트로크(4)

C 집사님네와 수요일 5시경 "밀알 한의원"에서 만나기로 했다. 그곳에서 C가 침 시술 받는 걸 함께 참관하고, 그 후 거기서 걷는 거리에 있는 "H 갈비"에서 식사를 하기로 해서 4시 반경 집을 나섰다. 그런데 한의원의 주소를 찾으며 몇 번을 같은 거리를 빙빙 돌아도 "밀알 한의원"이 보이지 않는다. 하는 수 없이 그냥 식당으로 직접 향하는데, C 집사님네가 생각보다 일찍 치료가 끝났는지 저쪽 맞은편에서 식당 쪽으로 걸어오시는 게 눈에 띄었다. 반갑게 만나 식당으로 들어서니, 이른 저녁시간이어서인지, 넓은 식당에 우리 네 사람뿐이다.

몇 년 전 선교 팀원들이, 니카라과의 모 선교사님을 모시고 왔었던 식당으로, 고기를 좋아하시는 C 집사님이 영양을 섭취하기 위해 찾으신 것 같다. 통갈비 3인분을 시켰는데, 식당의 도우미 아줌마가 옆에 서서 고기를 굽더니, 일일이 구운 고기를 가위로 잘라 놓아 준다. 굽기 전, 접시에 쌓인 갈비를 보니, 기름이 켜켜이 박혀 있어 "와 저 기름을 다 먹는 건가!" 싶었다. 권사님이 된장찌개를 시켜서, 작은 국 네 그릇에 나누어 놓아 준다. 앞에 놓아 준 잘라 놓은 구운 갈비를 한 점 집어 먹어 보니, 꿀맛이다. 살짝 구웠으니, 그 기름이 다 어디로 없어졌을 리는 없고, 그 기름 때문에 더 꿀맛이 아닐까. 우리 집안 내력의 심장병들을 생각하며, 눈을 질끈 감고 "에라" 갈비 몇 점을 입에 넣었다.

C 집사님은 지난번보다, 좀 기분이 가라앉으신 것 같다. 이제 스트로크를 맞고 4개월째로 들어섰으니, 정신적으로 생각이 많으실 만하다. 스트로크는 예상치 못하다가 졸지에 당하는 무서운 병이다. 내일의 삶은 누구나 다 알 수 없는 게 인생이지만, 스트로크 환자에겐 더욱 더 미래의 삶을 예측할 수 없는 날들을 감당해야 하는 어려움과 외로움이 더 크실 것 같다. 그래서일까, 어느 날은 하루 종일 거의 말 한마디 안 하고 지내기도 한단다. 그래서 권사님이 남편에게, 혼자 집안에서 걸을 때, '하나 둘 셋 넷' 소리를 내며 걸으라 했단다.

요즘은 집에서 받던 재활운동 기간도 지나 외래 환자로, 리햅 센터로 운동을 다니시는 외에 수요일과 토요일엔 침 시술도 두 번씩 받고 계신다. 식사도 하루 세 끼 잘 하시고 잠도 잘 자는 편이시고 손에 힘도 있으시다. 엄지 손가락으로 검지와 가운데 손가락은 물론, 힘들어하시던 엄지와 네 번째 손가락까지 이젠 서로 마주 닿는다. 처음 병원에서 뵈었을 때에 비하면, 장족의 발전을 하셨다. 식사가 끝나고, 식당을 나와 차에 오르시는데, 혼자서 워커를 돌려 세우고, 차안으로 등부터 앉으실 때도 도움 없이 두 다리를 들어 올려

편히 앉으신다. 다음 번 만날 때는 엄지와 새끼손가락이 마주 닿는 걸 볼 수 있기를… 주차장을 빠져 나가는 집사님네의 차를 향해 손을 흔드는 우리들의 간절한 바람이다.

C의 스트로크(5)

　C 집사님이 스트로크를 당하시고 어느덧 10개월째가 된다. 이제는 검지와 넷째 손가락은 물론, 검지와 새끼 손가락까지 다 마주 닿는 등 장족의 발전을 하셨으나, 아직도 예전의 그분 모습은 아니다.
　꿈에도 생각지 못했던 스트로크(Stroke)란 변을 당한 C 집사님과 그 아내의 돌변한 삶을 속수무책 옆에서 바라보며 아무런 도움도 되지 못하고 있는, 우리들의 삶도 더불어 힘을 잃고 자칫 침울해지곤 한다. 우리의 마음이 이런데, 6개월이 지나면 어느 정도 안정이 된다고 하던 권사님이나, 당사자인 C 집사님의 마음은 어떨지 상상조차 되지 않는다.
　우리가 서부로 오기 전, 29년을 살았던, 동부 뉴욕 버팔로의 남성 중창단을 중심으로 만든 버팔로니언들의 카톡방이 있다. 그 카톡방에서 활발하게 이런저런 글들을 퍼 나르던, 옛 버팔로 교회 이 장로님의 포스팅이 지난 2월 어느 날, 갑자기 멈추었던 걸 기억한다.
　며칠 후, 그 장로님이 졸지에 스트로크를 당해서, 2월, 3월 두 달간 입원과 퇴원을 되풀이하며, 고생하는 중이라는 소식이 올라왔다. 4월부터는 병상에서 다시 카톡방에 들어오셔서, 옛 버팔로에서의 삶을 회상하며 오해가 있었던 분들에게 사과의 글까지 올린 카톡을 읽었다. 6월 초에는 귀에 문제가 심해서 보청기를 맞추었다고 하더니, 7월에는 안부를 궁금해하시는 분들께 답으로 아내와 한달 전에 찍은 사진을 올리기도 했다.

그리고 몇 달이 지난 어느 날, 같은 교회 멤버였던 닥터 오로부터 이 장로님이 10월 24일 소천하셨다는 믿기 힘든 소식이 올라왔다.

스트로크는 우리 집안에도, 39세에 스트로크를 당하신 외할머니부터, 어머니와 언니 한 명이 스트로크와 뇌출혈로 각각 세상을 떠난 내력이 있다. C 집사님의 스트로크에 대한 싸움은 그래서 더욱 나에게도 예삿일이 아니다.

최근 그 C 집사님과 다시 만났을 때, 집사님이 우리에게 3권의 두꺼운 페이퍼 노트 북을 보여 주었다. 성경을 필사한 노트 북들이었다. 언뜻 보기에도 처음 쓰기 시작한 첫 권과 몇 개월이 지난 최근의 필체가 확연히 다르다. 글씨에 힘이 있을 뿐 아니라 한 단어 한 단어가 하얀 노트 장에서 살아 움직이는 것 같다. 군데 군데 글자들이 스미어(smear) 된 곳이 있어, "눈물 자국인가요?" 물었더니, "침을 흘린 자국"이란다. 어깨가 아파서 하루 한 시간 정도, 침을 흘리면서 쓰신 귀한 성경 필사 노트 북들이다.

이 C 집사님 내외가 오는 3월 중순 둘째 아들네 가족과 한국 여행을 계획하고 계신다. 지난 감사절 때 뉴욕의 둘째 아들네 방문 여행에 이은 두 번째의 긴 여행이 되는 이 서울 여행이 집사님께는 하나의 큰 이정표가 될 것 같다. 이 여행을 잘 다녀오시면 계획 중인 돌아오는 여름 7월이나 8월달의 니카라과 단기 선교에도 함께 동참할 수 있으리라는 큰 꿈이다.

그래서, C 집사님과 더불어 돌아오는 여름의 선교여행을 다녀올 수 있게 되기를, 전 선교팀은 물론 니카라과 선교지의 장학생들 87명 한 명 한 명이 모두 한마음으로 함께 기도하고 있다.

말러 심포니 #5 나들이

　오랜만에 참석하게 된 심포니 콘서트다. 교회 친교 시간에, 클래식 콘서트에 참석하기를 좋아하느냐고 묻는, 한글학교 교장 H집사의 질문에, "슈어!" 대답했던 결과로, H 집사님의 아들 전준하 군이 팀파니 주자로 연주하는, 샌프란시스코 청소년 오케스트라 심포니에 초청을 받은 것. 샌프란시스코 데이비스 심포니 홀에서 오후 2시에 열리는 콘서트에 C 집사님 내외와 함께 가려고, 우리 집 뒤 주차장에서 만나 떠나기로 했다.
　당일 날 우리 네 사람은 함께 차를 타고 오랜만에 콘서트 나들이를 떠났다. 프리웨이 280을 타고 달리는 우리들의 자동차 위로, 푸른 하늘을 배경으로 깨끗한 뭉게구름이 둥실둥실 잘도 따라온다. 캘리포니아 특유의 반짝이는 아름다운 날씨다.
　오래전, 오케스트라 멤버였던 오빠 덕분에 심심찮게 버팔로 클라이한스 심포니 홀에서 콘서트를 즐겼던 때가 생각난다. 당시엔 외국 학생들에게 풀 시즌 티켓을 무료로 줄 만큼, 외국 학생들을 우대하던 때라 맨 앞 두 줄 좋은 좌석에 앉아 클래식 콘서트를 즐겼던 꿈 같은 시절의 이야기다.

샌프란시스코 시티 홀 가까이 있는 심포니 홀에 도착하니, 벌써 많은 사람들이 입장을 하고 있다. H 집사님의 남편 전 장로님이 입구에서, 고맙게도 차를 주차해 주신다고 기다리고 계셔서, 우리는 곧장 이층 홀로 올라갔다. 중간쯤의 오른쪽 좋은 자리다. 프로그램을 받고 자리에 앉으니, 젊은 뮤지션들이 벌써 강단을 가득 메우고 있다.

60년대에, 루카스 포스에 뒤이어, 저명한 마이클 프랭크 토마스 지휘자가 거쳐 간 버팔로 필하모닉의 오래 전 기억들이 엊그제 일처럼 떠오른다.

오빠는 제1 바이올린 섹션 맨 끝좌석에 유일한 젊은 동양인으로 나이 드신 왼손잡이 유태인 여자 분과 파트너였다. 유태인 뮤지션들이 대부분이었던, 냉랭(cool)한 그 오케스트라에서, 그 여자분이 오빠를 잘 보아 늘 마음을 써 주었다고 했던 걸 기억한다.

어느 해였는지, 바이올리니스트 정경화 씨가 버팔로 필과 연주를 할 기회가 있어, 적지 않은 한인 교민들이 콘서트를 보러 왔었다. 그때 한 교민 여자가 오빠를 두고, 한국인이 창피하게 맨 끝 자리에 앉았다고 수근거리던 일이 생각난다.

어려운 환경 속에서, 전쟁 때 우연히 치약을 팔러 들어갔던 이북의 어떤 바이올린 선생(류xx란, 확실치 않은 이름)의 호의로 개인 사사를 받고, 20세도 되기 전에 이북 평양 오케스트라 멤버가 되었던 오빠.

가난한 전공 뮤지션을 가정교사처럼 집에 들여 함께 살면서, 연습까지 사사를 받으며 음악을 전공하는 한국의 유복한 뮤지션과는 하늘과 땅의 차이로 음악인이 된 나의 오빠다. 후에 홀로 또 미국으로 유학을 왔었고, 유학 후 힘들게 버팔로 필하모닉 멤버가 되었던 아버지 같은 나의 오빠. 지금은 고인이 되신 까마득한 추억이다.

오늘은, 뮤직 디렉터 다니엘 스튜어트가 샌프란시스코 유스(Youth) 심포니 지휘자의 2년 임기가 끝나는 연주회이기도 하다. 그가 마지막으로 연주하는 곡은 유명한 말러 심포니 #5이다.

구스타프 말러의 대표작인 말러 심포니는 처음엔 장송곡처럼 시작하지만, 나중엔 그의 삶의 변화처럼 밝고 경쾌하고 아름답게 펼쳐진다. 이 심포니는, "삶에 대한 강한 긍정"을 보여 주는 음악으로 해석하기도 하며, "이 곡은 바로 나 자신이다." 말러가 말할 정도로 각별한 애정을 갖고 있던 음악이었다.

심한 장 출혈로 죽음까지 예측했던 초창기를 지나, 1901년 말에 만난, "20대의 아름다운 알마 쉰들러에 대한 사랑의 헌정"으로 나중엔 점차 온유하고 감미롭게 연주되는, 웅장함과 아름다움이 복합적으로 담긴 그의 대표작이다.

특히 아름다운 4악장이 유명해지게 된 또 다른 계기는 이탈리아의 영화감독 루키노 비스콘티가 토마스 만의 소설을 각색해 만든 영화 〈베네치아에서의 죽음〉의 배경음악으로, 영화가 시작할 때부터 끝날 때까지 계속 흘러나온 데에 기인한다.

연주가 끝나, 불이 켜지고 꿈같은 음악 속에서 현실 속으로 돌아왔다. 말러에 대한 무지함으로 이렇게 아름다운 콘서트일 줄 기대하지 않았기에 한층 더 감동을 받은 콘서트였다. 퍼커션의 팀파니 연주가 심포니 연주에 이렇게 중요한 파트인 것도 이번 전 준하 군의 눈부신 연주를 통해 알게 되었다.

콘서트 홀을 나서면서 보니, 함께 콘서트에 참석했던 C 집사님의 얼굴도 완전히 감동에 젖어 있다. 갑작스레 당한 스트로크로 지난 4개월째 재활 운동이란 돌변한 일상에 매여 지내다가 나선, 색다른 콘서트 나들이다.

샌프란시스코 유스(Youth) 오케스트라의 말러 심포니 #5 연주 광경

캘리포니아 특유의 롤링 힐, 280번 하이웨이를 다시 달려오며, 삶의 아름다움과 기쁨을 친구와 더불어 누릴 수 있게, 귀한 콘서트에 초대해 주신 전 장로님 내외와 젊은 퍼커서니스트, 전준하 군에게 다시 한번 감사를 드린다.

후기

《유다의 발 씻기》 수필집을 내면서, 후기를 써야만 되나 싶었다. 심지어 책장에 꽂힌 책들의 뒷면을 펴서 후기들을 찾아 읽기도 했다.

〈삶은 이야기이다(Life is a story)〉란 글을 인용한다면, 6.25 전쟁 중 이북에서 남한으로, 그 후 서울에서 미국으로, 미국의 동부에서 다시 서부로, 강물처럼 끊임없이 흘러온, 나의 쉽지 않았던 삶의 이야기들을 한 권의 책으로 묶었을 뿐, 딱히 뭐라고 표현하기가 쉽지 않은 마음이다.

나의 첫 번째 책인, 시집 《나의 시, 나의 라이프》나, 두번째 책 《Bouncing Through My dear Life(영문)》인 메모아도 모두 나의 삶의 이야기이다.

자신의 삶을 숨김없이 다 드러내 이야기한다는 것은, 쉬운 일이 아니다. 내게는 특히 그랬다. 그렇게 힘들어하면서 왜 책을 내느냐고 누가 묻는다면, "그러게요"라고 말할 수밖에 없는 후기를 쓰면서, 그럼에도 불구하고(nevertheless), 내 "삶의 이야기"들을 읽어 주신 여러분께 진심으로 감사한 마음을 드리고 싶다.